Rodford Barrat
Numerologie

EDITION ROTER LÖWE

Der rote Löwe verkörpert die belebende, antreibende Energie von Sulfur, einem der Grundelemente im alchimistischen Transmutationsprozeß. Sulfur ist die Kraft, die verändert, veredelt und auf eine höhere Ebene bringt. Ziel dieser Edition ist es, esoterisches Wissen und Erkenntnisse aus der transpersonalen Psychologie verständlich und komprimiert darzustellen und damit ganz persönliche Wandlungsprozesse in Gang zu bringen. Die meisten Bücher enthalten Übungen und Anleitungen für die praktische Arbeit.

In derselben Reihe:

Rodfort Barrat

NUMEROLOGIE

Baumann Erna- Maria

1/96

Edition Roter Löwe im
AURUM VERLAG · BRAUNSCHWEIG

Die englische Originalausgabe erschien unter dem
Titel »The Elements of Numerology«
im Verlag Element Books Ltd., Longmead, Shaftesbury,
Dorset.

Ins Deutsche übersetzt von Martin Engelbrecht.

Gesamtgestaltung: Sabine Schönauer-Kornek.
Titelillustration: Andrea Heissenberg

Die Deutsche Bibliothek – CIP-Einheitsaufnahme

Barrat, Rodford:
Numerologie / Rodford Barrat. [Ins Dt. übers. von
Martin Engelbrecht]. – Braunschweig : Aurum-Verl., 1995
(Edition Roter Löwe)
Einheitssacht.: The elements of numerology <dt.>
ISBN 3-591-08377-1

1995
ISBN 3-591-08377-1
© 1994 Rodford Barrat
© der deutschen Ausgabe 1995 Aurum Verlag GmbH,
Braunschweig
Gesamtherstellung: Westermann Druck Zwickau GmbH

INHALT

Dieses Buch ist meinem Vater Bert gewidmet, den wir nie vergessen werden.

Mein Dank gilt Lilian Barratt, Dorothy Price, Keith Mayle, Corinne Squire, Rodney James, Alan Bird, Edward Ephraim, Margie Kelly, Peggy Squire, Michelle Finn, meiner Herausgeberin Julia McCutchen und meiner Agentin Doreen Montgomery für ihre unfehlbare Führung. Darüber hinaus danke ich den vielen Autoren numerologischer Bücher, ohne deren Wissen und Einsichten ich dieses Buch nicht hätte schreiben können.

EINLEITUNG

Der ganze Himmel besteht aus Tonleitern und Zahlen.

Aristoteles

Zahlen können reden. Ihre Sprache ist die Numerologie. Das ist eine alte Wissenschaft, deren Inhalt die Analyse des Lebens – Ihres Lebens – mit Hilfe von Zahlen ist. Auch heute noch läßt sich dieses praktische System als Hilfsmittel benutzen, um zu spiritueller Einsicht und materiellem Erfolg zu gelangen. Das hört sich an wie der Traum eines Wahrsagers. Doch der Grund dafür, daß der Glaube an die Macht der Zahlen seit Tausenden von Jahren lebendig ist, liegt darin, daß sie wirklich Macht haben. Sie selbst können den Beweis dafür antreten. Die Numerologie zeigt Ihnen, was Sie innerlich bewegt. Sie deckt Ihre Talente auf und enthüllt Ihnen Ihre Wirkung auf andere Menschen. Sie erfaßt die Trends jedes einzelnen Tages: was geschieht, was geschehen ist und warum. Sie weist auf Dinge hin, die kommen werden. Die Sprache der Zahlen zu nutzen, verbessert die Lebensqualität auf der spirituellen, der gefühlsmäßigen, der intellektuellen und der materiellen Ebene.

Dieser Führer durch die Grundstrukturen der Numerologie versetzt Sie in die Lage, numerologische Tafeln zu erstellen, sowohl Ihre eigene als auch die anderer Personen. Das ist eines der einfachsten metaphysischen Systeme, die man erlernen kann. In seiner Einfachheit liegt seine Stärke.

»Habt ihr hier vielleicht das singende Kraut und den blauen Vogel?« fragt eine Person in »Der blaue Vogel«, einem Stück des belgischen Autors Maurice Maeterlinck (1910, S. 21). Die Leute veranstalten eine Suche nach diesem Vogel. Am Schluß wird er zu Hause in seinem Käfig gefunden, wo er die ganze Zeit gewesen ist. Der blaue Vogel ist das Symbol für das Glück. Die Numerologie benutzt Zahlen als Symbole, um Ihnen zu zeigen, wie Sie Ihren blauen Vogel finden können. Er ist schon immer Ihr Eigentum. Die in Ihrem Geburtsdatum und Ihrem Namen verborgenen Zahlen verraten Ihnen Ihre Möglichkeiten, Fähigkeiten und Gaben. Die Kenntnis dieser Symbole kann Ihr Leben glücklicher machen. Wenn Sie mit Astrologie vertraut sind oder mit anderen Systemen, wie dem japanischen Ki oder der Astrologie der Chinesen, werden Sie entdecken, daß die Numerologie mit den Entdeckungen dieser Lehren übereinstimmt. Jede metaphysische Wissenschaft wirft ihr eigenes Licht auf einen Teilbereich Ihres Lebens, aber sie stützen sich alle gegenseitig. Die Numerologie steht in der Analyse Ihres Charakters der Astrologie nahe. Sie bringt Sie dazu, über sich selbst nachzudenken. Darin liegt ihr größter Nutzen.

Das Leben kann dem Aufenthalt auf einem Flughafen gleichen: Man weiß nicht immer, welches Flugzeug man nehmen muß. Zieht man aber seine Zahlen zu Rate, erkennt man, welche Richtung einzuschlagen ist. Die Numerologie sorgt dafür, daß wir vorbereitet sind.

In dieser alten Wissenschaft werden den Namen von Ländern und Städten Zahlen zugeordnet. Amerika schwingt unter der Zahl Fünf. Jeder, in dessen Tafel die Fünf einen bedeutenden Platz einnimmt, kann herausfinden, daß es seinen Zielen unter Umständen förderlich ist, in Amerika zu leben. Großbritannien schwingt unter der Sieben und Australien unter der Drei. Das sind Verallgemeinerungen. Dennoch stimmen die Schwingungen dieser Zahlen in überraschender Weise mit den nationalen Stereotypen überein. Die Fünf strebt nach Freiheit, die Sieben ist reserviert, und die Drei ist eine freundliche, gesellige Zahl.

Das Wort Schwingung ist in diesem Zusammenhang wichtig. Die theoretischen Grundlagen der Numerologie basieren darauf. Alles im Universum hat eine Schwingung. Wenn wir Zahlen benutzen, wenden wir diese Schwingungen – in Form einer metaphysischen Arithmetik – auf Menschen, ihren Namen und ihr Leben an. Jede Zahl steht symbolisch für bestimmte Eigenschaften. Das ist die Grundlage der Numerologie, dieser alten Wissenschaft, die nun seit Tausenden von Jahren in unterschiedlichen Formen praktiziert wird.

Das System, das heute hauptsächlich benutzt wird (so auch in diesem Buch), wird »moderne« oder pythagoräische Numerologie genannt. Es hat seinen Ursprung vermutlich in den Lehren des griechischen Lehrers und Philosophen Pythagoras, der im sechsten Jahrhundert vor Christus lebte. Es gibt andere numerologische Systeme, die ebenfalls unsere Aufmerksamkeit verdienen, doch dieses ist das bekannteste und meistbenutzte. Jedes Zeitalter wählt ein System, das für seine Zeit am besten funktioniert, und dieses ist unseres.

Der Glaube, daß Zahlen Ideen symbolisieren oder Kräfte offenbaren, war in vielen vergangenen Gesellschaften weit verbreitet. Die Bibel ist voller symbolischer Zahlen – die bekannteste ist die 666. Jahrhundertelang haben Wissenschaftler über ihre Bedeutung diskutiert. Martin Luther glaubte, sie sage die Dauer der päpstlichen Herrschaft voraus. Er behauptete das, nachdem der Autor Petrus Bungus die Ansicht vertreten hatte, mit dieser Zahl wäre Luther selbst gemeint! Heute wird (von manchen Leuten) die Ansicht vertreten, diese Zahl symbolisiere den Menschen in seinem weltlichen Denken.

Die Chinesen, die Ägypter, die Chaldäer, die Griechen und die Römer: Alle haben ihre eigenen numerologischen

Systeme benutzt. Das I Ging der Chinesen, das über 4000 Jahre alt sein soll, konstatiert, daß ungerade Zahlen hell und gerade Zahlen dunkel sind. Die Kabbala, ein System, das den alten mystischen Traditionen des Judentums entstammt, offenbart spirituelle Wahrheiten vermittels von Zahlen, Buchstaben und Tönen. Auch der Tarot ist mit Zahlensymbolismen verknüpft, und es existiert ein altes Weissagungssystem, das »Arithmantik« genannt wird. Vor gar nicht langer Zeit, im Jahr 1955, hat Roland Dionys Jossé eine Art Numerologie auf die Runen angewendet.

Numerologie heute

Die heutige Numerologie basiert auf den Ideen, die Schüler und Anhänger des Pythagoras über viele Zeitalter hinweg an uns weitergegeben haben. Die »Geburt« unseres heute benutzten Systems und den Anfang seiner Beliebtheit verdanken wir der Amerikanerin L. Dow Balliet. Sie schrieb in den ersten Jahren des zwanzigsten Jahrhunderts zwei Bücher, in denen sie die traditionelle Zahlensymbolik dem Alphabet der englischen Sprache anpaßte (siehe Literaturliste). Später wurde es von anderen Numerologen verfeinert und bekannt gemacht, eine der berühmtesten davon ist Dr. Julia Seton (siehe Literaturliste).

In *The Secret of Numbers* schreibt Lionel Stebbing: »Zahlen sind nicht die Ursache von Ereignissen. Doch sie bilden die Ordnung der Dinge ab und messen, was dem Leben innewohnt.«

Früher sah man ungerade Zahlen als aktiv oder männlich an, während gerade Zahlen mit Passivität oder Weiblichkeit gleichgesetzt wurden. Heutzutage halten wir die Entsprechungen »hell/aktiv« = männlich und »dunkel/passiv« = weiblich nicht mehr für angemessen. Allgemein gesprochen sind die ungeraden Zahlen mehr die »Solisten«. Die geraden Zahlen entwickeln ihre Bestleistung in Zusammenarbeit mit anderen. Die Acht stellt anscheinend eine Ausnahme von dieser allgemeinen Regel dar. Die neun Zahlen repräsentieren folgende Eigenschaften:

Eins: Führungskraft, Unternehmungsgeist, Originalität, Entschlossenheit.
Zwei: Zusammenarbeit, Diplomatie, Freundschaft, Freundlichkeit.
Drei: Selbstausdruck, Schöpferische Kraft, Freude, Lachen.
Vier: Praktischer Sinn, Selbstdisziplin, Stetigkeit, Arbeit.
Fünf: Freiheit, Kommunikation, Beweglichkeit, Sinnlichkeit.
Sechs: Harmonie, Schöpferische Kraft, Verantwortung, Häuslichkeit.
Sieben: Individualismus, Intuition, Perfektion, Kontemplation.
Acht: Macht, Unabhängigkeit, Ehrgeiz, Organsation.
Neun: Leidenschaft, Idealismus, Große Schauspielkunst, Romantik.

Die Null spielt in der herkömmlichen Numerologie keine Rolle. Nur wenn sie hinter einer Zahl auftaucht, verstärkt sie deren Eigenschaften. In der indischen Numerologie wird sie häufig als Unglückszahl angesehen.

Manche Numerologen vertreten die Ansicht, die Zahlen Elf und Zweiundzwanzig sollten getrennt von den oben aufgelisteten neun Ziffern betrachtet werden. Darauf werde ich im letzten Kapitel kurz eingehen.

Es macht Spaß, Menschen entsprechend der »Zahl ihres Lebenswegs« einzuordnen (diese Zahl findet man über ihr Geburtsdatum, siehe Seite 19f.). Obwohl man eigentlich alle Zahlen im Zusammenhang betrachten sollte, bringen wir hier neun Beispiele, um die wichtigsten Eigenschaften der obengenannten Zahlen zu illustrieren: Neun Menschen, deren Wirken in der Öffentlichkeit ihrer wichtigsten Zahl, der des Lebenswegs, zu entsprechen scheint:

Lebensweg Eins: Michail Gorbatschov
Lebensweg Zwei: Bill Clinton
Lebensweg Drei: Bill Cosby
Lebensweg Vier: Margaret Thatcher
Lebensweg Fünf: Mick Jagger
Lebensweg Sechs: Federico Fellini
Lebensweg Sieben: Prinzessin Diana
Lebensweg Acht: Elizabeth Taylor
Lebensweg Neun: Mahatma Gandhi

Das ist zwar interessant, sollte aber nicht allzu ernst genommen werden. Betrachtet man eine Zahl für sich, ist das so, als würde man in der Astrologie eine Person nur über die Position der Sonne beurteilen, während man doch alle Planeten in Betracht ziehen muß.

Zahlen repräsentieren bestimmte Eigenschaften. Das können wir bei der Betrachtung des gregorianischen Kalenders erkennen (der Kalender, der heute in den meisten Ländern benutzt wird).

Während der vergangenen tausend Jahre nahm die Eins eine beherrschende Position ein. Jede Jahreszahl begann mit der Eins. Die Eins wird mit dem männlichen Prinzip gleichgesetzt, dem Wunsch, zu führen und zu herrschen. In unserer Gesellschaft hat traditionell der Mann die Führungsrolle und die Position an der Spitze.

Nun treten wir in ein neues Zeitalter ein. Die Zahl Zwei übernimmt die Position der Eins. Die Zwei steht für Zusammenarbeit, Sensibilität und Freundschaft. Sie wurde als die Zahl der Frauen betrachtet (deswegen galt sie zeitweilig als negative Zahl – unter Männern). Betrachten wir die Zahlen unter dem numerologischen Aspekt, so ist es kein Zufall, daß die Frauen in dem Moment immer mehr Macht gewinnen, in dem die Zahl Zwei (2000 n.Chr.) allmählich in den Vordergrund tritt (z.b. in Gestalt der feministischen Bewegung oder des Wahlrechts für das »schwache Geschlecht«).

Ein Bewußtsein verborgener Kräfte, die Anerkennung der Rechte anderer Lebewesen, die Ökologiebewegung – all diese Entwicklungen spiegeln sich im Wechsel des Datums. Die Numerologie zeigt, daß tatsächlich ein »New Age«, ein neues Zeitalter beginnt – das Zeitalter der Zwei.

Das vergangene Jahrhundert, eingeleitet von den Zahlen 19 ... zeigte die Macht, die im Zusammenspiel der Eins und der Neun erzeugt wird. Die Neun symbolisiert die humanitären Werte, die im Laufe der letzten hundert Jahre gewachsen sind. Ihre negative Seite allerdings steht für Krieg und Aggression. Die Neunzehn kennen manche Numerologen als *karmische* Zahl, die durch den Kampf um Unabhängigkeit und den Ausbruch aus alten Zuständen gekennzeichnet ist. Natürlich spiegeln auch die Zahlen der Jahrzehnte die jeweiligen Schlüsselthemen wider.

Die Neunziger Jahre stehen für das Ende vieler Entwicklungen, für Veränderungen, dramatische Ereignisse und vor allem für humanitäre Werte, die alle von der Zahl Neun repräsentiert werden. Die Berliner Mauer fiel 1989: Diese Jahreszahl enthält zwei Neunen. Addiert man die Eins und die Acht zusammen, ergibt sich eine weitere Neun. Drei Neunen, das bedeutet einerseits das Potential für Wandel und von Idealen geprägtes Handeln. Sie können aber auch einen außerordentlich destruktiven Einfluß haben. In diesem Jahrzehnt zeigt er sich in der verstärkten Kriminalität in vielen Ländern und in sozialen Unruhen auf den Straßen.

Die achtziger Jahre waren im Westen eine Zeit zunehmenden materiellen Reichtums – die »Juppie-Ära«. Die Acht ist eine mächtige Zahl, die oft mit Begabung auf den Gebieten Wirtschaft und Verwaltung in Verbindung gebracht wird. Sie kommt zu Geld (mittels harter Arbeit), aber sie kann auch habgierig werden. Schließlich bekommt sie, was sie verdient. Man kann die Zahl Acht wieder und wieder schreiben, ohne die Feder vom Papier nehmen zu müssen. Egal, wo Sie beginnen, Sie kehren zum Ausgangspunkt zurück. Was immer die Acht tut, es wird auf sie zurückfallen. Viele Menschen, die in den Achtzigern reich (und habgierig) wurden, kamen in den neunziger Jahren in Schwierigkeiten.

In den siebziger Jahren wollten die Menschen »ihren eigenen Weg« gehen. Es war eine Zeit der Freizügigkeit und der Individualisten. Die Zahl Sieben muß das Leben selbst kennenlernen. Sie muß ihre Fehler selbst machen – in der Regel tut sie das dann auch.

Die Sechziger leiteten die Phase der »Flower Power« und des »Make Love, not War« ein. Die Sechs bringt Harmonie und Gleichgewicht und liebt Schönheit und Farbe um sich herum. Sie steht für die Ideale der »Blumenkinder« dieser Zeit. Der Einfluß der Neun vor der Sechs in 196 ... brachte viele Veränderungen in den Bereichen Heim, Ehe und Kindererziehung.

Die fünfziger Jahre sahen neue, progressive Entwicklungen und den Wunsch, größere Freiheit zu erleben. Man versuchte, Grenzen zu durchbrechen, und wollte nach den Einschränkungen der vierziger Jahre die Welt neu entdecken.

Wenn wir die Ziffern der Jahreszahlen analysieren, stoßen wir auf die treibende Kraft, die hinter jedem Jahrzehnt steckt. Man kann bedeutende Daten der Geschichte daraufhin untersuchen, ob sie den Charakter der Ereignisse widerspiegeln, die in diesen Tagen stattfanden.

Das Datum der amerikanischen Unabhängigkeitserklärung (4. 7. 1776) enthält dreimal die Sieben (Individualismus; eine Abneigung dagegen, gesagt zu bekommen, was man zu tun hat; das Bedürfnis, seine eigenen Fehler zu machen). Außerdem ergibt sich, wenn man das Datum in numerologischer Manier aufaddiert, die Nummer Fünf (wie Sie im folgenden noch entdecken werden). Die Fünf steht für Freiheit, Wandel und Beweglichkeit. Auch der Name Amerika schwingt (in seiner englischen Schreibweise »America«, A.d.Ü.) unter dieser freiheitsliebenden Zahl. In dem englischen Wort »independence« für »Unabhängigkeit« schwingen sieben der zwölf Buchstaben unter der Fünf.

Der österreichische Philosoph Rudolf Steiner sagte: »Diejenigen, die sich in das ›Studium der Zahlen‹ im Sinne des Pythagoras vertiefen, werden durch diesen Zahlensymbolismus ein Verständnis des Lebens und der Welt erreichen.«

Die folgenden Kapitel machen Sie mit den Grundprinzipien der Numerologie vertraut. Sie sind unkompliziert. Man benötigt dazu lediglich einfache Additionen und Subtraktionen. Jeder Mensch ist in der Lage, exakte Berechnungen durchzuführen.

Bücher über Numerologie weisen in ihrer Herangehensweise an das Thema oft verblüffende Unterschiede auf. Oberflächlich betrachtet scheint jedes Buch dem nächsten zu widersprechen. Das Buch, das Sie in der Hand haben, beschäftigt sich eingehend mit den allgemein anerkannten Grundregeln unseres Themas. Anschließend besitzen Sie ein Hintergrundwissen, mit dem Sie sich auch Autoren mit spezielleren Standpunkten zuwenden können.

Manche Numerologen sind von den Themen Reinkarnation und Karma beeinflußt. Vielleicht glauben Sie an Reinkarnation, vielleicht auch nicht – jedenfalls wird sie hier nicht behandelt. Wenn Sie der Zusammenhang von Karma und Numerologie besonders interessiert, kann ich Ihnen *Zahlen als Schlüssel zum Selbst* von Lynn Buess als ein informatives und gut geschriebenes Buch empfehlen.

Zukunftsvorhersagen mit Hilfe der Numerologie können niemals hunderprozentig genau sein. Zahlen verraten uns Trends. Wenn Sie eine numerologische Tafel betrachten, geben Sie eine *Einschätzung* ab, über das, was unter Ihren Zahlen *wahrscheinlich* geschehen wird. Das ist nicht geheimnisvoller als eine Wettervorhersage oder die Analyse von Börsentrends, wenn es auch häufig exakter ist. Aber es bleibt nichtsdestotrotz eine *Einschätzung* – Ihre aufgrund Ihrer Informationen gebildete Meinung. Daran ist nichts Übersinnliches. Wenn Sie im Umgang mit Zahlen vertrauter werden, werden Ihnen bestimmte Zahlenverteilungen Wahrheiten enthüllen, die den Menschen entgehen, die diese Kenntnisse nicht besitzen. Zahlen besitzen eine erstaunliche Genauigkeit, wenn man weiß, was sie symbolisieren, und in der Lage ist, ihre *wahrscheinlichen* Wirkungen zu analysieren.

Das persönliche Jahr und Ihr Name

Zwei Gebiete innerhalb der Numerologie sind Gegenstand kontroverser Diskussionen. Sie verdienen es, hier hervorgehoben zu werden. Das erste ist der Beginn des persönlichen Jahres. Das persönliche Jahr repräsentiert die Entwicklungslinien jeder einzelnen Person über einen Zeitraum von zwölf Monaten. Nach der Meinung einiger Numerologen beginnt es am ersten Januar jedes Kalenderjahres, nach der Meinung anderer mit dem Geburtstag der betreffenden Person. Ich denke, daß die erste Ansicht die richtige ist. Wenn Sie die Ereignisse ihrer eigenen Vergangenheit betrachten, können Sie sich eine eigene Meinung dazu bilden.

Manche Numerologen gehen davon aus, daß der volle Name, der auf Ihrer Geburtsurkunde steht (wenn Sie eine haben), der ausschließliche Anhaltspunkt ist, um den Einfluß Ihres Namens zu ermitteln. Sollte also »Säugling weiblich« an der Stelle Ihrer Geburtsurkunde stehen, wo sonst der Name steht, unter dem man Sie kennt, müßte »Säugling weiblich« der Name sein, von dem Sie auszugehen hätten. Andere denken, *wenn* ein Name Einfluß hat, dann muß es der sein, unter dem man Sie kennt, der, den Sie benutzen. Ich bin davon überzeugt, daß der zweite Standpunkt korrekt ist.

Ich habe diese gegensätzlichen Meinungen hier wiedergegeben, da einige, wenn auch nicht alle Bücher unumstößliche Regeln über den Beginn des persönlichen Jahres und den zu analysierenden Namen aufstellen, ohne den Leser über die unterschiedlichen Lehrmeinungen dazu zu informieren (eine bemerkenswerte Ausnahme in dieser Hinsicht ist das ausgezeichnete Buch *Numerology: Key to the Tarot* von Sandor Konraad). Während Sie weiterlesen, können Sie sich selbst eine Meinung darüber bilden.

Die Grundprinzipien der Numerologie lernen sich am leichtesten, wenn Sie sich selbst untersuchen. Es ist empfehlenswert, sich während des Lesens die Eigenschaften Ihrer persönlichen Zahlen zu notieren. Dabei wird sich ein Muster ergeben, das Sie vielleicht überrascht.

Zunächst betrachten wir die Zahlen ihres Geburtsdatums. Diese Zahlen sind wichtig. Sie können nicht verändert werden. Anschließend ist Ihr Name an der Reihe. Er beeinflußt Ihre Wünsche und die Ausführung Ihrer Pläne. Zum Schluß betrachten wir den Teil der Numerologie, der sich mit Vorhersagen beschäftigt, um die Entwicklungslinien Ihres Lebens kennenzulernen. Es gibt in der Tat eine richtige Zeit, einen richtigen Ort und einen richtigen Namen. Sie werden in der Lage sein, sie zu entdecken.

Vier Regeln, die Sie nicht vergessen sollten

1. Zahlen haben gute und schlechte Aspekte. Sie sind gleichzeitig Symbole positiver *und* negativer Eigenschaften.
2. Jede Zahl ist anders. Keine Zahl ist besser oder schlechter als andere. (So wird es von den meisten Leuten gesehen. Es gibt ein paar Numerologen, die die Vier und die Acht als Unglückszahlen betrachten – vielleicht, weil sie sich ihren Erfolg hart erarbeiten!)
3. Menschen mit gleichen Zahlen arbeiten mit ähnlichem Ausgangspotential. Das ist alles. Sie handeln nicht exakt in der gleichen Weise.
4. Betrachten Sie immer alle Zahlen in ihrer Wechselwirkung. *Niemals* werden Sie durch eine einzelne Zahl beschrieben, selbst wenn sie vielfach in Ihrer Tafel auftaucht.

Es zeugt von einem gesunden Umgang mit der Zahlenanalyse, nicht zu vergessen, daß es Dimensionen Ihres Lebens gibt, die die Zahlen nicht zeigen. Sehen Sie gut aus, oder sind Sie häßlich? Wurden Sie in armen oder in reichen Verhältnissen geboren? Standen Sie seit Ihrer frühesten Jugend unter dem Einfluß traditioneller Überzeugungen? Leben Sie in einem heißen oder in einem kalten Klima? Das alles und vieles mehr übt auf Ihr Verhalten Einfluß aus und muß zusammen mit Ihrem numerologischen Profil kalkuliert werden.

Der englische Autor W. Somerset Maugham schrieb: »Ich erkenne, daß ich aus mehreren Personen bestehe und daß die Person, die im Augenblick am Ruder ist, zwangsläufig einer anderen weichen wird. Die Frage ist nur, welche ist die wahre Person? Alle oder keine?«

Zahlen können darauf die Antwort geben.

DER LEBENSWEG

Das Bewußtsein unserer Kräfte steigert sie.

Vauvenargues, 1992, S. 29

Die Zahl Ihres Lebenswegs ist die wichtigste einzelne Zahl in Ihrem Leben. Sie finden sie in Ihrem Geburtsdatum. In der Numerologie hat sie die gleiche Bedeutung wie Ihr Sternzeichen in der westlichen Astrologie. Sie sollten zwar Ihre sämtlichen Zahlen in Betracht ziehen, aber die Zahl Ihres Lebenswegs stellt den Schlüssel zu Ihrer Tafel dar. Sie gilt als Ihre »Glückszahl«. Es hängt von Ihren zusätzlichen Zahlen ab, ob Sie von der Kraft dieser Zahl ohne Probleme Gebrauch machen können. Folgt man der Richtung, die die Zahl des Lebenswegs vorgibt, wird das Leben einfacher, ignoriert man sie, wird es schwieriger. Diese Zahl gibt die Grundrichtung Ihres Lebens an, die Chancen, die Sie haben, Ihre Gaben und Eigenschaften.

In der Regel erkennen Sie die Richtung dieses Weges. Vielleicht werden Sie ihm manchmal nicht folgen wollen und die Möglichkeiten zurückweisen, die am Wegesrand auf Sie warten. Das kann häufig dann geschehen, wenn die Zahl Ihres Geburtstags (siehe Seite 50 ff.) sich nicht mit der Zahl des Lebenswegs deckt. In diesem Fall können sich eine Reihe von Problemen auf Ihrem Lebensweg ergeben, bis Sie Ihr Leben wieder ins richtige Lot gebracht haben. Unter Umständen glauben Ihre Freunde, daß die Eigenschaften Ihrer Geburtstagszahl eher Ihrem »eigentlichen Selbst« entsprechen, doch dieser Eindruck ist irreführend.

Der Sinn des Lebensweg-Konzepts läßt sich mit Hilfe der Bedeutung des Sanskritwortes »Dharma« beschreiben: Diesem Weg zu folgen, stimmt mit Ihrer eigentlichen Natur überein. Die Zahl eines Lebenswegs repräsentiert Eigenschaften, die sich auf diesem Lebensweg mit großer Wahrscheinlichkeit zeigen. Jeder von uns kann zu verschiedenen Zeiten seines Lebens Führungsqualitäten zeigen. Aber für die Eins ist diese Fähigkeit Teil ihres Alltags. Das regelmäßige Auftreten solcher vorherrschenden Charakterzüge und Talente unterscheidet einen Lebensweg vom anderen.

Um die Zahl Ihres Lebenswegs zu finden, müssen Sie alle Zahlen Ihres Geburtsdatums zusammenzählen. Addieren Sie immer wieder die einzelnen Zahlen, bis nur noch eine Ziffer übrig ist. Als Beispiel benutzen wir das Geburtsdatum eines Führers der amerikanischen Bürgerrechtsbewegung: Dr. Martin Luther King.

Geburtdatum: 15. 1. 1929

$$1 + 5 + 1 + 1 + 9 + 2 + 9 = 28 = 2 + 8 = 10 = 1 + 0 = 1$$

Die Zahl des Lebenswegs von Dr. Martin Luther King ist die Eins.

Hier haben wir die in der Numerologie übliche Vorgehensweise benutzt, um die Essenz von Zahlen zu finden: Es wird immer wieder die Quersumme gebildet, bis nur noch eine Zahl oder Ziffer übrig ist.

Unter »Lebensweg« verstehen wir die Grundlinie des Lebens, die wichtigsten Chancen, die einem begegnen, die wichtigen Gaben und Fähigkeiten. Anders formuliert: Was Sie können, was Sie sollen und was Ihnen begegnen wird.

Lebensweg Eins: Der Anführer

Grundrichtung: Selbstbewußtsein lernen.
Chancen: Projekte auf den Weg bringen und leiten.
Schlüsselwörter: Führer, Initiator, Urheber, populär, selbstsüchtig, egoistisch, beherrschend, Tyrann.

Einser sind tatkräftig, entschlossen und schwungvoll. Sie ziehen das Handeln dem Denken vor. Sie müssen in ihrem Leben Verbesserungen erreichen. Sie sind zu großer Konzentration fähig, mit der sie entschlossen hinter ihren Zielen her sind. Sie wollen etwas tun und nicht abwarten, sie hassen es, auf der Ersatzbank zu sitzen. Mit der Geduld haben sie manchmal Probleme. Häufig sind sie ehrgeizig und besitzen Führungsqualitäten. Es ist ihnen möglich, auf der Stelle Entscheidungen zu treffen, aber sie können es nicht leiden, wenn jemand anders diese Entscheidungen umstößt. Bei ihnen verbinden sich feste Überzeugungen mit einer geradlinigen Art. Unter Umständen haben sie Vorbehalte gegen Teamarbeit. Sie arbeiten allein am besten, auch wenn sie in der Regel bei ihren Kollegen beliebt sind. Im Geschäftsleben sind sie selbstsicher und zu eigenständigen Problemlösungen fähig. Sie sind originell und couragiert; sie stoßen nicht gerne auf Opposition und vermeiden sie, wenn sie können.

Die Negativseite: Sie sind nie mit dem zufrieden, was sie erreicht haben, und neigen zur Ungeduld. Menschen, die nur langsam in Fahrt kommen, verwirren sie. Tiefenpsychologischer Analyse stehen sie mit Unbehagen gegenüber, und Kritik anzunehmen fällt ihnen schwer. Sie hassen Streit – und um ihn zu vermeiden, zögern sie manchmal, entscheidende Maßnahmen zu ergreifen, was dazu führt, daß sie selbst am Ende äußerst frustriert sind. Sobald die Liebe ins Spiel kommt, kann ihr Entschluß, die Führung zu behalten, sich in Luft auflösen.

Michail Gorbatschov und Lech Walesa sind Einser, die die positiven Eigenschaften Führungskraft und Mut gezeigt haben.

Lebensweg Zwei: Der Mitarbeiter

Grundrichtung: Zusammenarbeit lernen
Chancen: in Partnerschaften und Gruppen gute Arbeit leisten.
Schlüsselwörter: Mitarbeiter, Freund, Diplomat, einfallsreich, musikalisch, unentschlossen, scheu, furchtsam, Selbstmitleid.

Zweier achten auf die Gefühle anderer – manchmal mehr als auf ihre eigenen. Es kann geschehen, daß sie andere die Lorbeeren einstreichen lassen, die ihnen selbst zustehen. Obwohl sie keine natürlichen Führerfiguren wie die Einser sind, *können* sie Führungsfunktionen übernehmen, aber sie haben gern einen starken Partner an ihrer Seite. Sie ziehen in ihrem Leben Aufmerksamkeit und Ruhm an. Menschen sind von der Begeisterung, die sie ausstrahlen, fasziniert. Im Timing sind sie Meister, sie warten geduldig auf den richtigen Zeitpunkt, um zu handeln. Sie werden nicht gern gehetzt und wehren sich, wenn man sie zwingen will, in einem Tempo zu arbeiten, das ihnen widerstrebt. Oft findet man bei ihnen die Neigung und die Fähigkeit, Musik zu machen, denn sie haben ein gutes Rythmusgefühl. Für Arbeiten, die Liebe zum Detail erfordern, sind sie hervorragend geeignet. Ihre Höflichkeit verläßt sie nie, und sie verabscheuen grobes und unhöfliches Benehmen. Die Zweier haben ein natürliches Talent zur Diplomatie, da sie in der Lage sind, stets beide Seiten einer Sache zu sehen. Sie ziehen es vor, ihr Leben mit einem Partner zu teilen. Arbeit im Team ist etwas, das sie genießen. Sie haben eine Neigung zu sammeln und zu hamstern, deshalb stöbern die meisten von ihnen gern auf Märkten herum. Sie sind ehrlich und haben es nicht nötig, ihr Ego spielen zu lassen.

Die Negativseite: Sie haben Schwierigkeiten, Entscheidungen zu treffen, da sie immer beide Seiten der Medaille sehen und es ihnen mißfällt, Menschen vor den Kopf zu stoßen. Wenn ihre Gefühle unterdrückt werden, können sie überzogen reagieren. Sie sind sensibel und verletzlich und neigen dazu, sich in Tagträumen zu verlieren. Oft ziehen sie es vor, ihre Phantasien im Kopf auszuleben, statt aktiv zu werden. Schüchternheit und Furcht kann zu einem Problem für sie werden. Wenn Situationen zu sehr in einen Wettbewerb ausarten, wird es ihnen unbehaglich.

Die beiden amerikanischen Präsidenten Ronald Reagan und Bill Clinton haben die Zwei als Zahl ihres Lebenswegs. Beide haben starke Partnerinnen an ihrer Seite, die sie unterstützen. Die angeborene Musikalität der Zwei zeigt sich bei Sängerinnen wie Diana Ross und Shirley Bassey.

Lebensweg Drei: Der Entertainer

Grundrichtung: lernen, wie man glücklich macht.
Chancen: Kreativität und Phantasie nutzen.
Schlüsselwörter: Selbstausdruck, Gruppenmensch, kreativ, Glückspilz, lebenslustig, eitel, ruhelos, leicht gelangweilt, eifersüchtig.

Dreier sind fröhliche, enthusiastische Menschen, die Freude bringen und eine angenehme Atmosphäre verbreiten. Sie sind phantasievolle, farbige Persönlichkeiten mit schöpferischen Talenten. Von Natur aus sind sie pfiffig und erwerben sich Fähigkeiten schnell und mühelos. Ihr Leben wird immer von einem deutlichen Bedürfnis nach Liebe bestimmt. Viele Tänzer werden auf diesem Lebensweg geboren, und alle Dreier werden von Lachen, Amüsement und den leichteren Seiten des Lebens angezogen. Sie wirken wie Glückspilze, die leicht zu Geld kommen. Für eine Drei scheint sich immer irgend etwas zu ergeben. Sie sind gute Gastgeber, beredt und unverwüstlich, und genießen es, von Menschen umgeben zu sein. Ihre zweifellos vorhandene Kreativität müssen sie in irgendeiner Form zum Ausdruck bringen. Dreier haben einen scharfen Geist und sind Partymenschen.

Die Negativseite: Sie sind schnell gelangweilt und unruhig. Das Geld fließt ihnen zwar zu, aber es will ihnen nicht gelingen, es nicht gleich wieder auszugeben. Allein tun sie sich schwer, und sie fürchten sich davor, ohne Gesellschaft auskommen zu müssen. Ausdauer gehört nicht zu ihren Stärken. Sie müssen sich bremsen. Menschen dieses Lebenswegs können sich durch einen allzu hektischen Lebensstil verschleißen.

Die Gabe der Drei, Menschen zum Lachen zu bringen, zeigt sich bei dem Komiker Bill Cosby. Eine andere Art kreativer Unterhaltung findet man bei dem Kinoregisseur Alfred Hitchcock. Das Image eines Partymenschen läßt sich der Schauspielerin Jayne Mansfield und dem Schriftsteller F. Scott Fitzgerald zuschreiben.

Lebensweg Vier: Der Baumeister

Grundrichtung: ein Leben auf festen Fundamenten aufbauen.
Chancen: konstruktiv mit Selbstdisziplin umgehen.
Schlüsselwörter: praktisch, realistisch, rechtgläubig, harter Arbeiter, Loyalität, Ehrlichkeit, engstirnig, dogmatisch, langweilig.

Vierer sind praktische Menschen, die keine Anstrengung scheuen. Sie nehmen Einschränkungen auf sich, um zu erreichen, was sie vom Leben wollen. Ihre Kennzeichen sind Ernsthaftigkeit, Reife und eine durchdachte Art, die Dinge anzugehen; sie lieben es, nach Plan handeln zu können. Sie motivieren sich selbst und können auf diese Weise stundenlang arbeiten. Mit zunehmender Reife wird für sie das Leben einfacher. Das englische Wort »foursquare«, das gleichzeitig quadratisch (vier!) und unerschütterlich bedeutet und ein solides und stetiges Wesen beschreibt, ist ein Etikett für ihr Leben. Ihre Art ist konstruktiv, sie stellen die Dinge gern auf eine stabile Basis. Oft sind sie handwerklich begabt. Sie sind zuverlässige, treue und aufrichtige Menschen, die gern Resultate sehen. Sicherheit hat für sie große Bedeutung, das Geld, das sie haben, werden sie nie ganz ausgeben. Als konventionelle Denker, die nur ungern von ihren Plänen abweichen, fällen sie Entscheidungen sehr langsam. Sie sind immer fleißig: Faulheit ist für sie ein unnormaler Zustand. Wenn sie sich sicher fühlen – aber nicht vorher – sind sie bereit, ein Risiko einzugehen. Ihr Leben muß ein solides Fundament haben.

Die Negativseite: Sie sind »Workaholics«, die nicht wissen, wann sie eine Pause einlegen müssen. Ihre Kindheit war unter Umständen eine schwierige Zeit für sie. Eine unkonventionelle Lösung für ein Problem erschreckt sie leicht. Sie fürchten das Neue. Manchmal ist ihr Denken engstirnig und dogmatisch.

Es finden sich etliche Vierer unter den britischen Premierministern der letzten Jahre: Margaret Thatcher, Harold Wilson und John Major sind alle miteinander Vierer. Die Schauspieler Clint Eastwood und Arnold Schwarzenegger stehen für die der Vier eigene Kraft.

Lebensweg Fünf: Der Kommunikator

Grundrichtung: Liebe zur Freiheit erlernen.
Chancen: sich mitteilen und Veränderungen ermöglichen.
Schlüsselwörter: Kommunikator, Freiheitsdrang, wendig, anpassungsfähig, Sexualität, schnelles Denken, analytisch, fortschrittlich, zaudernd, vergnügungssüchtig, zu viele Veränderungen.

Fünfer müssen frei sein. Sie reagieren schnell, wenn sie das Gefühl haben, manipuliert zu werden. Typisch für diese Zahl ist die Liebe zu Wandel, Fortschritt und allem, was neu ist. Wenn sich die Bedingungen, ändern, können sich Fünfer sofort anpassen. Sie sind vielseitige Talente und müssen ihre Beweglichkeit auch zum Einsatz bringen. Fünf ist die Anzahl der Sinne: Diese Menschen haben eine unbewußte, magnetisch-sexuelle Ausstrahlung. Ihre Lebenseinstellung ist aufregend und jugendlich. Die Fünf ist eine Zahl der Körperlichkeit, die Wettkampfsituationen liebt. Sie kann gut unter Streß arbeiten. Teamgeist besitzt sie keinen, verheimlicht das aber vor anderen. Fünfer sind bei beiden Geschlechtern beliebt und können mit allen möglichen Menschen in Verbindung treten. Sie sind brillante, schlagfertige Verkäufer und bemühen sich immer um Wege, Dinge schneller zu erledigen. Da sie das Reisen lieben, fällt es ihnen leicht, aus dem Koffer zu leben. Sie haben großes Interesse an anderen Menschen, und es entgeht ihnen dabei nur wenig. Mit ihrer scharfsinnigen und analytischen Sichtweise erkennen sie ihre Mitmenschen, wie sie sind, haben aber auch keine Probleme, sie so zu akzeptieren. Sie suchen den Erfolg und vermeiden das Scheitern, doch es fällt ihnen schwer, Hilfe anzunehmen. Sie sind immer gut aufgelegt und können andere motivieren.

Die Negativseite: Sie sind nachgiebig gegen sich selbst und werden schnell ungeduldig. Geraten sie aus dem

Gleichgewicht, verfallen sie oft Sex, Drogen und Alkohol. Entweder gehen sie zu viele Risiken ein und wechseln regelmäßig den Job, oder sie werden gefühls- und verstandesmäßig so von einer Karriere beziehungsweise einer Unternehmung eingenommen, daß es ihnen unmöglich erscheint, loszulassen und etwas anderes anzugehen.

Die natürliche Sexualität und der Avantgardismus der Fünf zeigt sich bei dem Schauspieler Marlon Brando, dem Sänger Mick Jagger, dem Tennisspieler Andre Agassi und dem Tänzer Rudolf Nurejev. Adolf Hitler steht für die dunkle Seite einer populären Fünf.

Lebenweg Sechs: Der Lehrer

Grundrichtung: die Freuden der Verantwortung annehmen.
Chancen: schöpferisch sein und Harmonie schaffen.
Schlüsselwörter: harmonisch, schöpferisch, zuverlässig, gerecht, Ratgeber, Fairness, aufdringlich, ängstlich.

Sechser brauchen ein Leben in stabilem Gleichgewicht. Sie sind unablässig auf der Suche nach Harmonie und schätzen eine angenehme, schöne Umgebung. In Teams und Partnerschaften arbeiten sie gern und effektiv. Sie sind verantwortungsbewußt und nehmen Vertrauenspositionen ernst. Im Laufe ihres Lebens wächst ihnen oft Verantwortung zu. Sie lehnen unfaires Verhalten genauso ab, wie sie »fair play« lieben. Ganz ähnlich wie die Vierer schließen sie Freundschaften fürs Leben. Die Sechs ist eine häusliche Zahl. Sie braucht ein friedliches Familienleben. Sobald es fehlt, gerät sie aus dem Gleichgewicht. In der Sechs steckt große Kreativität, sie ist Kunstliebhaber und macht oft schöpferischen Gebrauch von ihrer Stimme. Sechser sind gute Lehrer. Sie brauchen ein Leben im Gleichgewicht und bemühen sich um vollkommene Harmonie.

Die Negativseite: Sie meinen zu wissen, was ihre Freunde tun sollten – und sie sagen es ihnen auch. Sie mischen sich überall ein. Chauvinismus ist ein Problem (bei beiden Geschlechtern), übermäßiges Essen ein weiteres. In allzu konventionellem und moralischem Denken befangen, schaffen sie es oft nicht, die Sichtweisen anderer Menschen nachzuvollziehen. Über Kleinigkeiten können sie sich sinnlos Sorgen machen.

Die schöpferische Dimension dieser von Verantwortungsbewußtsein geprägten Menschen wird von Schauspielerinnen wie Meryl Streep, Vanessa Redgrave und Glenda Jackson repräsentiert.

Lebensweg Sieben: Der Individualist

Grundrichtung: aus der eigenen Erfahrung lernen.
Chancen: Wissen und Weisheit nutzen.
Schlüsselwörter: individuell, intuitiv, tiefschürfendes Denken, analytisch, geheimnisvoll, spirituell, Perfektionist, Zauberer, nimmt keine Ratschläge an.

Siebener brauchen jeden Tag eine gewisse Zeit für sich allein. Ohne ein bißchen Einsamkeit fällt es ihnen schwer, ihre Bestleistung zu bringen. Ihre Gaben qualifizieren sie für gewisse Spezialaufgaben. Sie sind keine Teamarbeiter und kommen allein am besten voran. Oft finden sie auf eigenartigen Wegen große Dinge, nach denen sie gar nicht gesucht haben. Siebener haben sowohl intuitive als auch intellektuelle Fähigkeiten, mißtrauen allerdings gelegentlich ihrer Intuition. Sie haben ihr eigenes Tempo und lassen sich nicht gern antreiben. Häufig hat man den Eindruck, sie zaudern, dabei warten sie als Perfektionisten nur auf den absolut richtigen Zeitpunkt, um zu handeln. Sie planen lange Zeit im geheimen, um dann mit überwältigender

Plötzlichkeit zuzuschlagen. Eine Sieben nimmt nicht gern Befehle entgegen. Sie hat ihre Geheimnisse und zeigt ihre tiefen Gefühle nicht freiwillig. Aber sie hat die Fähigkeit, zu helfen und zu heilen. Siebener sind »geborene Rebellen«, die ungewöhnliche und neue spirituelle Bewegungen oder Religionen anziehend finden. Es ist seltsam, daß eine Zahl mit einem so starken spirituellen Potential häufig vom Atheismus angezogen wird. Und es ist überraschend, daß eine Zahl, die so der Einsamkeit zuneigt, in der Öffentlichkeit gut aufzutreten weiß.

Die Negativseite: Auf den ersten Blick wirken Siebener oft kalt und arrogant. Manche von ihnen verbergen sich vor anderen Menschen, indem sie ununterbrochen reden. Für körperliche Arbeit haben sie nichts übrig. Dadurch, daß sie nicht auf Ratschläge hören, machen sie sich das Leben sehr schwer.

Zwei individuelle Siebener, die weibliche Ikonen ihrer Zeit waren: Jean Shrimpton, Fotomodell der sechziger Jahre, und Diana, Prinzessin von Wales. Berühmte Gestalten aus der Politik sind der amerikanischen Präsident John. F. Kennedy, Nikita Chruschtschov, Sir Winston Churchill und Václav Havel.

Lebensweg Acht: Der Zielbewußte

Grundrichtung: lernen, Ziele zu setzen.
Chancen: unabhängig werden.
Schlüsselwörter: ehrgeizig, Macht, Organisation, Menschenfreund, verläßlich, unabhängig, materialistisch, habgierig, rücksichtslos.

Kampfeslust und Ringen um Macht ist der Refrain dieses Lebensweges. Achter sind stark, hart und wenn nötig rücksichtslos. Sie sind dynamisch und selbstgenügsam. In einer abhängigen Position zu sein, mißfällt ihnen sehr, es ist wichtig für sie, sich ihre Unabhängigkeit zu erkämpfen. Als äußerst ehrgeizige Menschen müssen sie sich darum bemühen, die spirituelle und die materielle Ebene im Gleichgewicht zu halten. Ihr ganzes Leben über setzen sie sich Ziele. Die Acht ist eine kraftvolle und zuversichtliche Zahl, die beharrlich für ihren Ertrag arbeitet. Achter sind fleißige und hervorragende Organisatoren, ihre Karriere ist ihnen wichtiger als ihr Familienleben. Die Acht ist eine Zahl der Extreme: alles oder nichts. Sie sehen gern gut aus und achten auf ihre äußere Erscheinung. Andere Menschen werden von ihnen leicht eingeschüchtert. Oft findet man unter ihnen Sportler und Athleten. Wenn sie ihr Gleichgewicht gefunden haben, sind sie Menschenfreunde und helfen anderen gern. Danach sollen sich die anderen aber wieder um sich selbst kümmern. Im Geschäftsleben funktioniert diese Zahl reibunglos. Hier glänzen ihr Selbstvertrauen und ihre Kraft. Achter haben nicht immer ein leichtes Leben. In der Regel müssen sie für ihren Erfolg hart arbeiten.

Die Negativseite: Sie sind leicht frustriert. Sie vernachlässigen ihnen nahestehende Menschen und zeigen sich zu Hause nicht von ihrer besten Seite. Wenn bei ihnen Habgier und Ehrgeiz überhand nimmt, scheint sie ihr Glück zu verlassen.

Eine lange Liste starker Persönlichkeiten spiegeln das Selbstvertrauen der Acht wider: Elizabeth Taylor, Joan Collins, Nancy Reagan, Barbra Streisand, Liza Minelli, Ginger Rogers, Jane Fonda und Saddam Hussein.

Lebensweg Neun: Der Humanist

Grundrichtung: lernen, Mitleid zu zeigen.
Chancen: Idealismus und Schöpferkraft entwickeln.
Schlüsselwörter: mitfühlend, humanistisch, idealistisch, ro-

mantisch, dramatisch, schöpferisch, magnetisch, unkonzentriert, temperamentvoll.

Die Möglichkeiten der Neuner sind unbegrenzt. Das liegt daran, daß die Neun die einzige Zahl ist, die alle anderen Zahlen in sich enthält. Voll Idealismus wollen die Neuner die Welt verändern und das Leben für alle Menschen besser machen. Ein weitherziger, toleranter und unkonventioneller Lebensweg. Neuner sind charismatische und schöpferische Individuen. In ihnen steckt die dramatische Kraft eines Künstlers. Sie sind ausgezeichnete Führer von Bewegungen, Kulten oder Religionen, denn es fällt ihnen leicht, die Notwendigkeit von Religion im Alltag zu verstehen. Sie beschäftigen sich lieber mit den großen als mit den kleinen Problemen des Lebens. Oft endet ihr Leben auf dramatische Weise. In Geldangelegenheiten sind sie nicht besonders gut – sie interessieren sich nicht sehr für materielle Dinge. Sie haben viele Freunde, denn andere Menschen sind fasziniert von der magnetischen Anziehungskraft dieser Zahl. Als intensive und ungeduldige Menschen sind sie gut geeignet, ihr Leben auf dem Gebiet der Kunst oder der Humanwissenschaften zu verbringen. Oft besitzen sie übersinnliche Fähigkeiten.

Die Negativseite: Sie haben wenig Geduld und sind reizbar. Sie müssen lernen, sich zu beherrschen. Sie müssen praktischer werden und den Einzelheiten mehr Aufmerksamkeit schenken. Sie sind keine besonders guten Menschenkenner und leicht zu manipulieren. Sie sind in der Lage, sich selbst umsonst zu opfern.

Die Menschlichkeit der Neun ist verkörpert in Mahatma Gandhi. Die Dimension des Künstlers in Shirley Maclaine und Brigitte Bardot, die beide ihr späteres Leben in den Dienst humanitärer Bewegungen gestellt haben: Shirley Maclaine für die New Age Bewegung, Brigitte Bardot für den Tierschutz.

DIE GEBURTSTAFEL

Ich hatte mehr Ärger mit mir, als mit irgendeiner anderen Person, die ich kenne.

Dwight L. Moody

Die Zahl des Lebenswegs wird in jedem Fall die bedeutendste Zahl Ihres Lebens bleiben. Doch die Eigenschaften, die sie repräsentiert, unterliegen dem Einfluß der einzelnen Ziffern Ihres Geburtsdatums. Ihr Geburtstag, Ihr Geburtsmonat und Ihr Geburtsjahr, all diese Zahlen können die Wirkung der Zahl Ihres Lebenswegs schwächen oder stärken. Das ist der Grund, warum zwei Menschen mit dem gleichen Lebensweg so unterschiedlich sein können. Dieser Effekt wird auf der Geburtstafel sichtbar:

3	6	9
2	5	8
1	4	7

Die Geburtstafel

Die Geburtstafel zeigt Ihnen, wo die einzelnen Zahlen hin-
gehören. Tragen Sie alle Ziffern Ihres Geburtsdatums in die
entsprechenden Quadrate ein. Die Ziffer Null wird dabei
nicht berücksichtigt. Unabhängig davon, wie oft dieselbe
Ziffer in Ihrem Geburtsdatum auftaucht, sie kommen immer in dasselbe Feld. Jemand, der beispielsweise am
1. 1. 1911 geboren ist, hat fünf Einser im ersten Feld und
eine Neun im Neunten. Das Geburtsdatum des Komponi-
sten Leonard Bernstein würde auf seiner Geburtstafel so
aussehen (Er wurde am 25. August 1918 geboren):

		9
2	5	8 8
1 1		

Leonard Bernsteins Geburtstafel

Jeder, der vor dem Jahr 2000 n. Chr. auf die Welt gekommen ist, hat die Zahl Eins auf seiner Geburtstafel, jeder, der
im neuen Jahrtausend geboren wird, wird eine Zwei haben. Diese Zahlen spiegeln das sich wandelnde Bewußtsein der menschlichen Rasse wider. Man kann verallgemei-
nert sagen, daß Kinder, die am oder nach dem 1. 1. 2000
auf die Welt kommen, verglichen mit Kindern, die vor
oder am 31. 12. 1999 geboren werden, einen grundsätzlich
anderen Zugang zum Leben aufweisen werden. Der Da-

33

tumswechsel stellt den Höhepunkt des Bewußtseinswandels dar.

Man kann leicht erkennen, wie die Geburtstafel die Wirkung der Zahl des Lebenswegs beeinflußt. Hier ist die Tafel einer Person, die am 24. 2. 2000 geboren werden wird. Er oder sie wird den Lebensweg Eins haben.

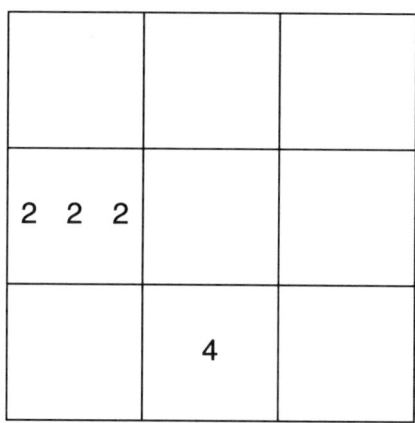

Geburtstafel für das Datum 24. 2. 2000

Dieses Datum dämpft die Führungsqualitäten der Eins spürbar. Sie wäre zwar nach wie vor die wichtigste Zahl, aber die Gegenströmung der dreifachen Zwei würde jederzeit offen zutage treten. Die Häufigkeit der Zahlen in jedem Quadrat und die Ziffern, die auf der Tafel fehlen, werden immer zusammen mit der Zahl des Lebenswegs betrachtet. Vielleicht sind Sie der Ansicht, daß die unten aufgelisteten negativen Eigenschaften nicht auf Sie zutreffen. Ist das der Fall, dann trafen sie sicherlich auf frühere Phasen Ihres Lebens zu. Auf diese Weise zeigt Ihre Geburtstafel, wie Sie gewachsen sind und sich entwickelt haben.

Einser auf der Geburtstafel

Eine Eins: Sie können sich über Schrift oder Sprache leicht öffentlich ausdrücken. Im privaten Bereich müssen Sie ihre Gefühle offener zeigen. Sie sind stark und selbstbewußt und neigen dazu, schnell zu reden.

Zwei Einser: Sie haben die gutausgebildete Fähigkeit, sich jederzeit auszudrücken. Situationen werden von Ihnen in ausgewogener Weise kontrolliert. Diese Konstellation ist geeignet für eine Arbeit in der Geschäftswelt oder der Unterhaltungsbranche.

Drei Einser: Große expressive Fähigkeiten, in der Regel auf dem Gebiet des geschriebenen Wortes. Manchmal zuviel an Talent, so daß Sie überaktiv wirken. Das kann die Konstellation einer Quasselstrippe sein. In der Regel glückliche, aber sture Menschen.

Vier Einser und mehr: Ein Potential für wirkliche Leistungen. Wenn Ihr Leben keine Möglichkeiten für die Nutzung Ihrer Fähigkeiten und den Einsatz Ihres Führungspotentials bietet, macht sich Frustration breit. Sie treiben sich selbst allzu sehr an und achten zu wenig auf das, was Sie essen – es kann zu Freß- oder Magersucht kommen. Wenn Sie sich Phasen der Ruhe zugestehen, können Sie Großes leisten.

Die Eins fehlt: Das kommt erst in einigen Tafeln nach dem letzten Tag des Jahres 1999 vor. Menschen, denen die Eins fehlt, müssen Selbstvertrauen und Entschlossenheit entwickeln. Sie müssen größere Bereitschaft zur Initiative zeigen und dürfen nicht zulassen, daß andere ihre Arbeit für selbstverständlich halten. Sie werden ihre Individualität behaupten müssen.

Zweier auf der Geburtstafel

Eine Zwei: Menschen mit guter Auffassungsgabe. Was das Gefühl angeht, sind Sie sensibel und fühlen sich in einer von Wettbewerb geprägten Umgebung unwohl. Sie ziehen es vor, Ihr eigenes, ruhigeres Tempo anzuschlagen.

Zwei Zweier: Sie haben ein geschärftes Bewußtsein, hören aber nicht immer auf Ihre Intuition. Manchmal neigen Sie zum Umgang mit den falschen Leuten. In der Regel befindet sich Ihr Leben in gutem Gleichgewicht. Sie müssen darauf achten, nicht überempfindlich zu sein.

Drei Zweier und mehr: Häufig stößt man hier auf musikalische Begabung. Gefühlvolle Menschen, voller Sensbilität für andere. Die Notwendigkeit, Ihre verletzbaren Seiten zu schützen, läßt Sie gelegentlich kühl und egozentrisch reagieren. Dann zeigen Sie eine Härte, die Ihrer Natur fremd ist. Sie sind kaum bereit, aktiv zu werden, und reagieren überzogen, wenn man Sie dazu zwingt.

Die Zwei fehlt: Solche Menschen müssen andere mehr achten und schätzen lernen. Unter Umständen zeigen sie Mißtrauen gegenüber Intuition und Sensibilität. Es fehlt ihnen an der Bereitschaft zur Zusammenarbeit.

Dreier auf der Geburtstafel

Eine Drei: Interessante, enthusiastische und witzige Leute. Sie verfügen über eine kraftvolle Phantasie, die für Ihre Karriere nützlich sein kann, und Sie sind schöpferisch und gescheit. Wenn Ihre Freunde Hilfe brauchen, fehlen Sie nicht. In dieser Zahl steckt eine Stärke, die die strahlende Fassade nicht immer durchschimmern läßt.

Zwei Dreier: Eine üppige Phantasie, die Disziplin vertragen kann. Praktischen Problemen stehen Sie ablehnend gegenüber. Sie haben eine Neigung zu Tagträumereien und eine unorthodoxe Art, sich mit dem Leben auseinanderzusetzen, die gelegentlich mißverstanden wird.

Drei Dreier und mehr: Bei dieser Konstellation kann sich sportliche Betätigung als wohltuend erweisen, auch wenn kein Interesse dafür vorhanden ist. Hier findet man Menschen mit einer starken Schlagseite auf den Gebieten Denken und Phantasie. Sie können über Ihren Tagträumen die Gegenwart vernachlässigen. Es tut Ihnen gut, für ein Gleichgewicht zwischen Körper und Geist zu sorgen.

Die Drei fehlt: In diesem Fall ist es sinnvoll, mehr Phantasie zu entwickeln. Oft findet man hier Angst und Schwierigkeiten, die eigene Kreativität zum Ausdruck zu bringen. Mathematik erweist sich gelegentlich als problematischer Bereich.

Vierer auf der Geburtstafel

Eine Vier: Sie gibt jeder Tafel eine praktische Dimension. Solche Menschen sind systematisch und können angefangene Dinge zu Ende bringen, sie sind hartnäckig, loyal und zuverlässig. Oft haben sie Talent für handwerkliche Arbeit. Hier findet man Handwerker, Kunsthandwerker, Maler oder Menschen, die ein Musikinstrument spielen.

Zwei Vierer: Ein Bedürfnis nach Genauigkeit und Sauberkeit verbindet sich mit der Fähigkeit, ausdauernd zu arbeiten. Sie müssen sich in acht nehmen, nicht übermäßig materialistisch zu werden. Bemerkenswerte handwerkliche Geschicklichkeit.

Drei Vierer und mehr: Hier kann das Gefühl von Eingeschränktheit auftauchen. Dreimal die Vier ist das Zeichen des »Workaholic«. Menschen unter dieser Konstellation müssen daran denken, Ruhepausen einzulegen. Ihre Hände sind oft wunderbar geschickt, dieses Geschick muß aber auch zum Zug kommen können. Es kann Ihnen passieren, daß Sie in ein Fahrwasser geraten, aus dem Sie nur schwer wieder herausfinden.

Die Vier fehlt: Die Angelegenheiten des Alltags müssen praktischer angegangen werden. Oft existiert eine starke Abneigung, sich mit langweiligen, prosaischen Dingen zu beschäftigen. Probleme können durch Vernachlässigung von Details auftreten, und nicht alle Aufgaben werden zu Ende gebracht.

Fünfer auf der Geburtstafel

Eine Fünf: Die Fünf ist die bedeutendste Zahl der Geburtstafel. Da sie im Zentrum steht, stellt sie die Verbindung zwischen allen anderen Nummern her. Sie steht für Kraft und Entschlossenheit. Die Fünf kann andere Menschen motivieren. Sie ist freiheitsliebend, möglicherweise aber hat sie Probleme im Familienleben aufgrund ihrer Abneigung gegen Einschränkungen.

Zwei Fünfer: Freiheit wird zunehmend wichtiger. Das kann zu häuslichen Spannungen führen. Sie verfügen über bemerkenswerte Selbstkontrolle und Entschlossenheit. Ihre übersteigerte Zuversicht bringt Sie unter Umständen in Schwierigkeiten.

Drei Fünfer und mehr: Sie lieben es, in Ihrem Leben Risiken einzugehen. Manchmal kommen Sie damit durch. Sie haben eine starke Sinnlichkeit, der Sie sich allerdings nicht immer bewußt sind. Willensstark und dynamisch führen Sie Ihr Leben auf der Überholspur.

Die Fünf fehlt: Damit fehlt häufig auch Entschlußkraft und die Fähigkeit, sich selbst anzutreiben. Solche Personen brauchen Motivation aus einer externen Quelle. Oft mangelt es ihnen an Klarheit über die einzuschlagende Richtung. Sie nehmen viele Gelegenheiten wahr, wissen sie aber nicht zu nutzen. Ein Partner, der sie zum Handeln treibt, oder ein günstiger Name sind hilfeich.

Sechser auf der Geburtstafel

Eine Sechs: Schöpferische Menschen, die sich nach einer friedlichen, häuslichen Umgebung sehnen. Sie lieben Kunst und künstlerische Tätigkeiten. Häufig nutzen sie ihre Stimme für kreative Zwecke. Störungen in ihrem Familienleben können sie außer Fassung bringen.

Zwei Sechser: In der Regel findet man hier ein gutes Gedächtnis und eine Neigung zu gutem Essen. Sie haben das Bedürfnis, Ihre Kreativität einzusetzen. Das Zuhause ist hier genauso wichtig wie bei Leuten mit einer Sechs auf der Geburtstafel. Kleinigkeiten werden als sorgen- und angsterzeugend erlebt.

Drei Sechser und mehr: Heim und Familienleben müssen etwas lockerer angegangen werden. Es existiert ein enormes schöpferisches Potential, das aber wahrscheinlich von den häuslichen Angelegenheiten überlagert wird. Menschen mit dieser Konstellation sind außerhalb ihres Zuhauses oft sehr ängstlich. Sie sollten lernen, daß die Menschen, die sie lieben, im Leben ihre eigenen Fehler machen müssen.

Die Sechs fehlt: Keine besondere Häuslichkeit, das Zuhause ist nicht das Zentrum ihrer Welt. Solche Menschen sollten Schönheits- und Kunstsinn entwickeln. Vielleicht waren sie als Kinder einem Elternteil gegenüber übersensibel. Es kann sein, daß ihrem Familienleben irgend etwas abgeht.

Siebener auf der Geburtstafel

Eine Sieben: Eine philosophische Ader mit Gerechtigkeitssinn. Die Sieben ist die schwierigste Zahl auf der Tafel. Man darf Ihnen nicht sagen, was Sie zu tun haben. Das hat zur Folge, daß Sie vieles auf die harte Tour lernen und daß Ihr Leben nicht einfach verläuft. Sie drücken sich verstärkt über den Körper aus.

Zwei Siebener: Tiefgehendes Interesse an Sinnfragen. Jeder, der eine beliebige Anzahl Siebener auf der Geburtstafel hat, kann – häufig in einer späten Lebensphase – Interesse an Bereichen wie Metaphysik, Spiritualität oder Okkultismus entwickeln. Auch bei zwei Siebenern ist das Leben nicht immer einfach. Durch den großen Wert, den Sie auf Ihren Individualismus legen, machen Sie sich das Leben oft schwer. Sie nehmen nicht gern Hilfe an.

Drei Siebener und mehr: Manche betrachten das als eine Konstellation des Opfers. Menschen mit vielen Siebenern müssen oft Rückschläge hinnehmen. Sie verfügen über großes inneres Wissen. Obwohl Sie sich – zum Teil durch eigenes Handeln – oft Steine in den Weg legen, akzeptieren Sie die Folgen in philosophischer Haltung und versuchen es ein weiteres Mal. Sie sind weise.

Die Sieben fehlt: Häufig fehlt das Vertrauen in sich selbst. Zuweilen fürchten diese Leute die Einsamkeit und mißtrauen allem Metaphysischen. Sie brauchen Beweise. In der Regel sind sie nicht besonders begeistert von spirituellen Übungen.

Achter auf der Geburtstafel

Eine Acht: Sie sind gut darin, die Fähigkeiten anderer zu erfassen, Projekte zu organisieren und mit Einzelheiten umzugehen. Achter sind Menschen, die auf Reinlichkeit achten. Als Kinder sind sie oft ruhelos. Arbeiten anzugehen, macht ihnen keine Probleme, doch manchmal finden sie es schwierig, sie zu Ende zu bringen.

Zwei Achter: Extrem fähige Leute. Gute, oft einschüchternd wirkende Menschenkenner, geschäftlich oft sehr erfolgreich. Da sie über unbegrenzte Energiereserven verfügen, die sie loswerden müssen, begrüßen sie Veränderungen in ihrem Leben – solange sie gewisse Grenzen nicht überschreiten. Metaphysischen Themen stehen sie in der Regel distanziert gegenüber.

Drei Achter und mehr: Für einen Menschen der im Geschäftleben steht, ist das eine günstige Konstellation, vorausgesetzt, er kann die Balance zwischen der materiellen und der spirituellen Ebene bewahren. Es besteht eine Tendenz zu Gier im materiellen Bereich. Wer diese jedoch zu kontrollieren versteht, kann eine gutausgewogene Persönlichkeit mit großer Menschenkenntnis werden. Das kann ihm zum Vorteil gereichen. Oft sind diese Menschen ruhelos.

Die Acht fehlt: Solche Personen brauchen Organisation. Sie vermeiden Arbeit am Detail. Unter Umständen sind sie faul und sorglos im Umgang mit Geld. Sie müssen den profanen Dingen Aufmerksamkeit widmen, wenn sie nicht alles verlieren wollen.

Neuner auf der Geburtstafel

Eine Neun: Idealismus und ein Bewußtsein für die Beziehungen zwischen Mensch und Welt. Jeder, der während der letzten hundert Jahre vor der Jahrtausendwende auf die Welt kam, hat die Neun auf der Geburtstafel. Sie steht für ein unterschwelliges Bewußtsein um die möglichen Wirkungen des menschlichen Fortschritts und hat eine im Verlauf des Jahrhunderts zunehmende tolerante und weitherzige Einstellung gefördert. Die Kehrseite: Durch sie haben Aggression und Krieg zugenommen.

Zwei Neuner: Große geistige Aktivität. In diesen Zahlen steckt ein dramatisches und kreatives Potential. Für Sie ist es wichtig, Ihre Emotionen im Griff zu behalten. Oft haben Sie den Wunsch, der Menschheit zu helfen. Dabei ist es wichtig, den Blick für das Machbare nicht zu verlieren.

Drei Neuner und mehr: Sie machen von Ihrem Verstand energischen Gebrauch. Unter Umständen spüren Sie den revolutionären Drang, Falsches zu korrigieren und bessere Lebensformen zu finden. Menschenkenntnis besitzen Sie nur wenig, und deswegen müssen Sie sich davor hüten, von anderen eingespannt zu werden. Eine Konstellation mit Charisma und Explosivität.

Die Neun fehlt: Ab dem Jahr 2000 wird die dynamische Kraft der Neun auf mancher Geburtstafel fehlen. Zwar werden humanitäre Leistungen nicht mehr so im Vordergrund stehen, doch die Friedlichkeit und Kooperation der Zwei schafft einen Ausgleich. Wenn die Neun fehlt, muß ein weiterer Blick auf das Leben und ein Bewußtsein für die letzten Ziele entwickelt werden.

Linien auf der Geburtstafel

Sind auf Ihrer Geburtstafel drei Zahlen in einer Reihe angeordnet, hat das, abhängig von der Zusammensetzung, eine unterstützende Wirkung auf Ihren Charakter. Diese Zahlenreihen werden vollbesetzte Zahlenebenen, Pfeile des Pythagoras oder Linien genannt. Es gibt senkrechte Zahlenreihen: Eins-Zwei-Drei, Vier-Fünf-Sechs, Sieben-Acht-Neun; waagrechte: Drei-Sechs-Neun, Zwei-Fünf-Acht, Eins-Vier-Sieben, und diagonale: Eins-Fünf-Neun und Drei-Fünf-Sieben. Wieviele Zahlen sich in jedem Quadrat befinden, ist gleichgültig, solange alle drei Felder mindestens einfach besetzt sind. Unter Umständen haben Sie mehr als eine Linie. Man kann fünf haben (zum Beispiel: 25.3.1987). Drei oder mehr Linien auf der Geburtstafel weisen auf eine starke Persönlichkeit hin, die die *Chance* hat, leichte Erfolge einzufahren. Das heißt nicht, daß sich materieller Erfolg oder spirituelle Erfüllung *zwangsläufig* einstellt. In der Theorie sollten Erfolge in beiden Bereichen mit drei oder mehr Linien leichter zu bekommen sein. In der Praxis schaffen Menschen ohne Zahlenreihen oder mit vielen fehlenden Ziffern große und bedeutende Dinge. Sie haben schon von Kindheit an ein geschärftes Bewußtsein für das, was zu tun ist.

Auf der Geburtstafel John F. Kennedys (29. 5. 1917) sehen wir nur eine vollständige Linie: Eins-Fünf-Neun. Das ist die Linie der Entschlossenheit.

Die Geburtstafel John F. Kennedys

Wenn alle drei Quadrate einer Reihe leer bleiben, wirft das
ein Licht auf eine Schwäche, auf einen Bereich, der gestärkt
werden muß. Die Geburtstafel der Schriftstellerin Emily
Brontë (30. 7. 1818) weist eine Linie fehlender Zahlen auf:
Vier-Fünf-Sechs. Das ist die Linie der Enttäuschung.

Emily Brontës Geburtstafel

44

Existieren zwei Zahlen einer Linie, aber die dritte fehlt, ist die Linie gestärkt, aber nicht vollkommen. Fehlen zwei Zahlen einer Linie, muß sie gestärkt werden, ist aber nicht ganz schwach.

Die vollständigen Zahlenlinien

Eins-Zwei-Drei • Die Linie der Planung: Eine gute Fähigkeit, Pläne zu entwickeln. Solche Menschen denken, bevor sie handeln, sie sind in der Lage, Ziele und die besten Mittel zu ihrer Erreichung zu erfassen. Sie sind ordentlich, reinlich und haben eine Nase für das Geschäftsleben. Sie haben Schwung und können mit anderen gut zusammenarbeiten und auskommen.

Vier-Fünf-Sechs • Die Willenslinie: Wenn diese Personen etwas wollen oder erträumen, konzentrieren sie sich so sehr darauf, daß alles andere in den Hintergrund tritt. Sie verfügen über eine extreme Willenskraft. Wünsche, die sie als Kinder hatten, werden sie nicht freiwillig aufgeben. Sie verfolgen ihr ganzes Leben lang ein bestimmtes Ziel.

Sieben-Acht-Neun • Die Handlunglinie: Fleißige, kraftvolle Menschen, mit erstaunlicher Energie. In ihrem Leben gibt es keinen Stillstand. Während andere planen und träumen, schreiten sie zur Tat. Wenn sie einmal eine Entscheidung getroffen haben, gibt es kein Zögern. Sie haben ein hohes körperliches Energieniveau. Wichtig für sie sind Ruhepausen, frische Luft und eine gesunde Ernährung. Nervöse Kopfschmerzen sind die Begleiter dieser Eigenschaften.

Drei-Sechs-Neun • Die Linie des Intellekts: Logische Denker, die sich in der Regel durch ein gutes Gedächtnis und hohe Intelligenz auszeichnen. Sie können auch schöpferisch denken. Ihr Verstand ist ausgewogen, Probleme werden leicht und schnell gelöst. Mit anderen, weniger hellen Menschen haben sie manchmal wenig Geduld.

Zwei-Fünf-Acht • *Die Gefühlslinie:* Diese Menschen verstehen es, Liebe, Spiritualität und Empfindsamkeit gegenüber anderen Menschen in einer guten Weise zum Ausdruck zu bringen. Diese Fähigkeit hat auch eine bemerkenswerte künstlerische Dimension. Meist haben diese Menschen eine schauspielerische Begabung. In ihnen wohnen tiefe emotionelle Bedürfnisse, Liebe spielt für sie eine bedeutende Rolle.

Eins-Vier-Sieben • *Die Linie der Körperlichkeit:* Eine kraftvolle Linie für gute Gesundheit und körperliche Ausdauer. Oft findet man hier handwerkliches oder künstlerisches Geschick. Eine Überbetonung der Karriere steht häufig in einer seltsamen Beziehung zu einer revolutionären Einstellung. Eine Linie voller Dynamik. Im Leben müssen solche Personen oft Rückschläge einstecken, die von der Verbindung der Vier mit der Sieben und ihrer Weigerung, Ratschläge zu akzeptieren, verursacht werden.

Eins-Fünf-Neun • *Die Linie der Entschlossenheit:* Der Entschluß, viele Dinge gut zu machen. Diese Linie hatten alle Kinder, die in den fünfziger Jahren des zwanzigsten Jahrhunderts zur Welt kamen, und sie wurden die »Überflieger« der Achtziger. Sie haben Stehvermögen und kommen nach Rückschlägen schnell wieder auf die Beine. Manchmal halten sie an Ideen oder Vorhaben fest, deren Zeit lange schon vorbei ist.

Drei-Fünf-Sieben • *Die Linie des Mitgefühls:* Innere Ruhe und die Fähigkeit, Höhen und Tiefen des Lebens anzunehmen, sind die Kennzeichen dieser Menschen. Anderen gegenüber zeigen sie Verständnis und Mitleid. Oft haben sie übersinnliche Fähigkeiten. Man kann ihnen die Begriffe Freude und Intuition zuschreiben. Wenn ihnen Leid zustößt, nehmen sie es gelassen hin.

Die Linien fehlender Zahlen

Eins-Zwei-Drei kann als Linie nicht vollständig fehlen. Wenn allerdings zwei der Zahlen fehlen, weist das auf die Notwendigkeit hin, nachzudenken, bevor man handelt, und das Leben und seine Ziele konstruktiver zu planen.

Vier-Fünf-Sechs • *Die Linie der Enttäuschung:* Manchmal wird sie auch Saturnlinie genannt. Hier kann es im Familienleben zu Problemen kommen. Manche dieser Menschen erkennen ihre wahren Sehnsüchte nur widerwillig und zögern, ihre eigenen Bedürfnisse anzuerkennen. Sie erwarten zu viel von anderen. Was sie brauchen, ist die Freiheit, ohne die Zustimmung anderer zu handeln.

Sieben-Acht-Neun • *Die Linie der Untätigkeit:* Menschen mit so einer Konstellation ziehen es vor, nachzudenken und ihre Ideen zu perfektionieren, bevor sie sie in die Tat umsetzen. Andere sehen das als Zögern an, aber das stimmt nicht ganz. Dennoch sollten sie mehr aktiv werden und weniger nachdenken.

Drei-Sechs-Neun • *Die Linie der Exzentrizität:* Unkonventionelle Denker. Sie begegnen nicht allen Situationen mit logischem Denken. Zuweilen haben sie Probleme mit ihrer Kreativität. Sie müssen die Dimensionen des Künstlerischen und der Inspiration in ihr Leben einbeziehen.

Zwei-Fünf-Acht • *Die Linie der Sensibilität:* Sie reagieren überempfindlich auf die Meinungen anderer Leute. Im Kindesalter leiden sie unter Umständen an einem Mangel an Selbstvertrauen beziehungsweise einem Minderwertigkeitskomplex. Als introvertierte Menschen fühlen sie sich in großen Gruppen unwohl. Sie müssen sich selbst mehr annehmen.

Eins-Vier-Sieben • *Die Illusionslinie:* Praktischen und materiellen Dingen wird wenig Aufmerksamkeit geschenkt. Im Leben dieser Personen fehlen dynamische Taten. Die körperliche Ausdauer ist unter Umständen nur schwach ausgeprägt. Manchmal ertragen sie Alleinsein nur schlecht. Menschen mit dieser Konstellation sind oft festgefahren und sollten einen unangepaßteren Geist entwickeln.

Eins-Fünf-Neun • *Die Resignationslinie:* Hier fehlt es zuweilen an Originalität, Motivation und Entschlossenheit. Ist die Linie komplett mit Zahlen besetzt, dann ist sie anstachelnd und stärkend; fehlen die Zahlen, dann fehlt auch das Zielbewußtsein, und Resignation beherrscht das Feld. Diese Menschen sollten sich nicht immer nach anderen richten.

Drei-Fünf-Sieben • *Die Linie der Skepsis:* Diese Linie hat eine Doppelbedeutung. Zunächst handelt es sich um Persönlichkeiten, die Beweise wollen. Sie sind orthodox in ihren Überzeugungen und stehen allem, was mit Metaphysik zu tun hat (z. B. diesem Buch) mit Mißtrauen gegenüber. Heute findet man öfter die zweite Bedeutung: Offen und aufgeschlossen für neue Ideen und Glaubensrichtungen – das Gegenteil der ersten Variante. Diese Linie bietet anscheinend eine Wahlmöglichkeit an. Die Begleiter dieser Konstellation sind Migräne und nervöse Beschwerden.

Die Geburtstafel mit ihren Zahlen und Linien sollten Sie immer im Zusammenhang mit dem betrachten, was Sie über die Zahl Ihres Lebenswegs wissen. Beides gehört untrennbar zusammen.

GEBURTSTAGS- UND ZIELZAHLEN

Alle Dinge, von denen wir wissen können, sind in Zahlen faßbar, denn ohne Zahlen kann man nichts erfassen oder kennen.
Philolaus, Fragment 4., siehe Huffman, 1993, S. 172

Ihre Geburtstagszahl ist die Ziffer des Tages, an dem Sie zur Welt kamen. Sie spiegelt Ihr Denken und Handeln »im stillen Kämmerlein« wider. Ihr Vorname unterliegt einer Beeinflussung durch diese Zahl, und sie steht für den Stil ihres Handelns in Alltagssituationen. Die Geburtstagszahl beeinflußt die Zahl des Lebenswegs, hat aber eine geringere Bedeutung.

Was diese Ziffer *nicht* wiedergibt, ist Ihre Grundrichtung: Ihre Chancen und zentralen Begabungen. Sie steht für Ihre vertrauten Fähigkeiten und Stärken. In dieser Zahl sollten Sie sich und das, was Sie tun, ohne Schwierigkeiten wiedererkennen können. Es kann auch sein, daß Ihre Freunde Sie in den Eigenschaften Ihrer Geburtstagszahl eher wiedererkennen als in der Zahl Ihres Lebenswegs.

Ihre Geburtstagszahl ist die zweite Ihrer Glückszahlen, die nächststärkste nach der Zahl Ihres Lebenswegs. Die folgenden kurzen Beschreibungen Ihres Geburtstags ergänzen die Informationen, die Sie durch die Zahl des Lebenswegs und die Geburtstafel gewonnen haben. Es sind alle möglichen Geburtstage von Eins bis Einunddreißig aufgelistet. Später werden wir auf diese Zahlen noch die Quersummenbildung anwenden. Es sind immer negative und positive Aspekte einbezogen, die Betonung liegt allerdings auf den positiven Seiten.

Geburtstage

Der Erste: Führung und Ego. Nimmt nicht gern Anweisungen von anderen entgegen. Menschen dieses Datums finden berufliche Selbstständigkeit oder jede Art von eigenständiger Arbeit attraktiv. Sie sind entschlossen, couragiert und voller Selbstvertrauen. Manchmal haben sie eine Abneigung, Liebesgefühle zu zeigen.

An diesem Tag geboren: Boris Jelzin, Otto von Bismarck

Der Zweite: Kooperativ und zögerlich; liebevoll, sensibel und intuitiv. Solche Menschen können mit oder für andere arbeiten. Sie lieben Partnerschaften und die Arbeit im Team. Ihre Freundlichkeit ist ein positiver Charakterzug, sie sind jedoch leicht eingeschüchtert und deprimiert.

An diesem Tag geboren: Mahatma Gandhi, Marquis de Casanova

Der Dritte: Glücklich und eifersüchtig. Sie sind beliebte, gesellige und sozial orientierte Menschen. Als von Natur aus witzige Köpfe bringen sie Lachen und Freude in jede Gruppe. Oft verbergen sie eine Furcht vor Einsamkeit, und sie können sehr ruhelos sein. Es macht Spaß, mit ihnen zusammenzusein, aber sie langweilen sich leicht.

An diesem Tag geboren: Gertrude Stein, Marika Rökk

Der Vierte: Stabil, aber mit Scheuklappen. Praktische, harte Arbeiter, die feste Verhältnisse brauchen und ihr Leben auf eine sichere Grundlage stellen müssen. Sie sind treue, geduldige und ehrliche Freunde. Das Herkömmliche zieht sie an, Veränderungen sind ihnen unangenehm. Ein guter Geburtstag für Politiker und Ärzte.

An diesem Tag geboren: Isaac Newton, Francisco Franco

Der Fünfte: Abenteuerlustig und maßlos, begeistert und beweglich. Menschen dieses Datums suchen immer das »Neue«. Sie sind progressiv mit unbewußter sexueller Ausstrahlung. Sie lieben Reisen und Abwechslung. Ein überraschend gutes Datum für Politiker.

An diesem Tag geboren: Ludwig XIV, Raquel Welch

Der Sechste: Verantwortungsbewußt und ängstlich. An diesem Tag werden viele Lehrer geboren. Gerechtigkeit ist ihnen wichtig. Sie sind verläßliche Freunde und schöpferische Persönlichkeiten, die in ihrem Leben Harmonie brauchen. Ihre Familie lieben sie sehr, machen sich aber auch unnötige Sorgen um sie.

An diesem Tag geboren: Sigmund Freud, Franz Josef Strauß

Der Siebte: Zögerliche Individualisten. Menschen dieses Tages sind stille Geheimniskrämer, die das Alleinsein brauchen. Dadurch hält sich die Sieben im Gleichgewicht. Sie sind analytisch und intuitiv, oft gedankenverloren und fühlen sich von Spiritualität und Okkultismus angezogen.

An diesem Tag geboren: Marc Chagall, Billy Graham

Der Achte: Zielbewußt, gierig und in aller Regel ehrgeizig. Der »Achte« strebt nach Unabhängigkeit. Gute organisatorische Fähigkeiten. An diesem Tag sind viele Schriftsteller und Wissenschaftler geboren. Sie müssen ein Gleichgewicht zwischen Heim und Karriere finden – in der Regel gewinnt die Karriere.

An diesem Tag geboren: Katharine Hepburn, Dr. Christiaan Barnard

Der Neunte: Leidenschaftlich und hitzig. Menschenfreunde. Solche Leute sind weitherzig und gefühlvoll und haben eine dramatische Ader. Sie sind schöpferisch und idealistisch, mit ernstgemeinten Zielen. Es fehlt ihnen jedoch an Sinn für das Praktische.
An diesem Tag geboren: Simone de Beauvoir, Sophie Scholl

Der Zehnte: Echt und in sich ruhend. Ähnelt dem Ersten. Voller Selbstsicherheit und Selbstvertrauen. An diesem Tag kommen viele Schauspieler zu Welt. Es sind entschlossene, energiegeladene Menschen, die darauf achten müssen, nicht arrogant zu sein.
An diesem Tag geboren: Fred Astaire, Marcel Proust

Der Elfte: Einfallsreich und unpraktisch. Ähnelt dem Zweiten. Sie besitzen die Fähigkeit zur Zusammenarbeit. Finanzielle Dinge interessieren diese Personen nicht allzusehr. Sie fühlen sich von Musik und Rhythmus angezogen und müssen darauf achten, sich nicht in Tagträumen zu verlieren. Sie haben Führungsqualitäten, schätzen dabei aber die Unterstützung eines starken Partners. Ein charismatischer Tag, an dem viele Künstler geboren sind.
An diesem Tag geboren: Martha Graham, Salvador Dalí

Der Zwölfte: Schöpferisch und aufopferungsvoll. Ähnelt dem Dritten. Geburtstag vieler Sänger und Musiker. Das sind beliebte und gesellige Menschen, die in der Lage sind, ihre Aufgaben zu meistern. In ihrem Leben gibt es Höhen und Tiefen und Zeiten des Opfers, mit denen sie aber immer fertig werden.
An diesem Tag geboren: Frank Sinatra, Maria Callas

Der Dreizehnte: Erfolgreich und selbstzerstörerisch. Ähnelt dem Vierten. Eine praktische Zahl mit der Fähigkeit,

Veränderungen in großem Maßstab durchzuführen. Harte Arbeiter, die häufiger auf die Meinung anderer hören sollten. Sie sind verletzlicher, als sie wirken. Eine Zahl der Überraschungen.

An diesem Tag geboren: Fidel Castro, Arnold Schönberg

Der Vierzehnte: Analytisch, aber vergnügungssüchtig. Ähnelt dem Fünften. Sie sind neugierig und betrachten das Leben aus dem Blickwinkel des Genießers. Attraktive und sinnliche Menschen, die Bewunderer anziehen. Mit Selbstdisziplin können sie viel erreichen, besonders in ganz neuen, progressiven Bereichen. Sie reisen gern.

An diesem Tag geboren: Nostradamus, Albert Einstein

Der Fünfzehnte: Gerechte Menschen, aber mit der Neigung, sich einzumischen. Ähnelt dem Sechsten. Verantwortungsbewußt mit Sinn für »Fair Play«. Das Familienleben ist ihnen zwar wichtig, aber sie wollen nicht ihr ganze Zeit zu Hause verbringen. Menschen dieses Datums sind originell und schönheitsliebend. Sie müssen sich vor Eitelkeit in acht nehmen. Neue Dinge erlernen sie ohne Probleme.

An diesem Tag geboren: Florence Nightingale, Martin Luther King

Der Sechzehnte: Nervöse, intuitive Menschen. Ähnelt dem Siebten. Solche Leute brauchen das Alleinsein. Sie sind selbstkritisch und stellen hohe Ansprüche an sich. Sie mögen es nicht, wenn man sich in ihre Angelegenheiten einmischt. Karrieren in den Bereichen Religion, Medizin und Schriftstellerei finden sie attraktiv. Es fällt ihnen schwer, sich zu entspannen.

An diesem Tag geboren: Charlie Chaplin, Oscar Wilde

Der Siebzehnte: Körperbetont und unbekümmert. Ähnelt dem Achten. Seit altersher wird die Siebzehn als eine gute Zahl für Finanzangelegenheiten betrachtet. Allerdings heißt es in ihrem Leben häufig: alles oder nichts. Diese Menschen haben in der Regel eine körperliche Begabung, es kommen viele Sportler und Tänzer unter dieser Zahl auf die Welt.

An diesem Tag geboren: Rudolf Nurejew, Rita Hayworth

Der Achtzehnte: Kraftvoll, aber materialistisch. Ähnelt dem Neunten. Großzügige Leute mit einem weiten Interessenspektrum. Sie sind hin- und hergerissen, ob sie anderen helfen oder zuerst an sich denken sollen. Oft werden ihnen Leitungsfunktionen angetragen – selbst ohne daß sie diese anstreben.

An diesem Tag geboren: Greta Garbo, Lucrezia Borgia

Der Neunzehnte: Unabhängig, aber hochmütig. Ähnelt dem Ersten. Diese Menschen gehen mit ihrem Leben in eigenwilliger Weise um. Sie mögen keine Ratschläge, denken aber durchaus an die Bedürfnisse anderer. Gefühlvolle Menschen mit Stimmungsschwankungen – oft von einer Minute zur anderen.

An diesem Tag geboren: Coco Chanel, Jean Genet

Der Zwanzigste: Freundlich und ängstlich. Ähnelt dem Zweiten. Liebevolle Personen, die ungern Dinge ohne die Zustimmung anderer tun. Sie sind gut bei Arbeiten, die ein Auge für Einzelheiten erfordern, sie sind musikalisch und künstlerisch. Leicht verfallen sie pessimistischen Gedanken.

An diesem Tag geboren: Sergeij Rachmaninov, Henrik Ibsen

Der Einundzwanzigste: Extravagant. Ähnelt dem Dritten. Die Einundzwanzig wird als »Glückszahl« angesehen. Das sind anziehende, fröhliche Menschen. Es gelingt ihnen oft, zur rechten Zeit am rechten Ort zu sein, in der Regel stehen sie dann im Mittelpunkt der Aufmerksamkeit. Sie müssen sich konzentrieren, um Chancen nicht zu verspielen.

An diesem Tag geboren: Elisabeth II, Königin von England, Robin Williams

Der Zweiundzwanzigste: Gebieterisch und beherrschend. Ähnelt dem Vierten. Dieses Datum wird als der mächtigste Tag angesehen, an dem man auf die Welt kommen kann. Die Kinder dieses Tages sind natürliche Führergestalten und haben eine echte Begabung, ihr Leben aufzubauen. Sie müssen auf nervöse Spannungen achten. Zweiundzwanziger haben meist gute Instinkte, an denen sie selten zweifeln.

An diesem Tag geboren: Rose Kennedy, Lenin

Der Dreiundzwanzigste: Freiheitsliebend und von übermäßiger Lässigkeit. Ähnelt dem Fünften. Sie lieben die Abwechslung, die Freiheit und das Vergnügen. Ihre wahren Gefühle bringen sie nur selten zum Ausdruck. Alles Neue fasziniert diese interessanten, aber auch unbezähmbaren Persönlichkeiten.

An diesem Tag geboren: Romy Schneider, Joan Collins

Der Vierundzwanzigste: Künstlerisch und überaus ernst. Ähnelt dem Sechsten. Ein an diesem Datum geborener Mensch fühlt sich von den schönen Künsten angezogen. Das Zuhause hat für ihn große Bedeutung, und er schätzt Kreativität. Vertrauenswürdige, treue und freundliche Menschen.

An diesem Tag geboren: Henri de Toulouse-Lautrec, Barbra Streisand

Der Fünfundzwanzigste: Perfektionistisch und geheimniskrämerisch. Ähnelt dem Siebten. Diese Menschen wollen frei sein. Ihre Entscheidungen treffen sie gemächlich. Sie sind ruhige Persönlichkeiten mit intuitiver Einsicht, die auf den ersten Blick scheu wirken. Sie können Geheimnisse für sich behalten.
An diesem Tag geboren: Pablo Picasso, Virginia Woolf

Der Sechsundzwanzigste: Charismatisch, aber überlastet. Ähnelt dem Achten. Sie sind verläßlich und ordentlich, revolutionäre Denker mit Fähigkeiten auf finanziellem Gebiet und – überraschenderweise – großer Häuslichkeit. Heim und Karriere halten sie im Gleichgewicht. Stehen sie im Geschäftsleben, haben sie oft künstlerische Hobbies.
An diesem Tag geboren: Mao Tse Tung, Leo Trotzki

Der Siebenundzwanzigste: Menschenfreundlich, aber ungeduldig. Ähnelt dem Neunten. Menschen dieses Tages sind unabhängig und gelassen. Es ist schwer, sie in Wut zu bringen, aber sie wirken furchterregend, wenn man es geschafft hat. Religion und Wissenschaft ziehen sie an. Sie reisen gern und haben meistens eine lebhafte Phantasie.
An diesem Tag geboren: Konfuzius, Mutter Theresa

Der Achtundzwanzigste: Unternehmend, aber selbstsüchtig. Ähnelt dem Ersten. Menschen unter dieser Zahl fühlen sich zu selbständigen Berufen oder Führungsaufgaben hingezogen, obwohl sie am besten mit einem Partner arbeiten. Sie verfügen über Entschlossenheit, Originalität und Wahrnehmungsfähigkeit. Starke Willenskraft verbindet sich hier mit der Fähigkeit, mit anderen auszukommen.
An diesem Tag geboren: Jaqueline Onassis, Johann Wolfgang von Goethe

Der Neunundzwanzigste: Eine zerstreute Beschützernatur. Ähnelt dem Zweiten. Eine sprühende, musikalische und inspirierende Persönlichkeit. Zeitweise führen solche Menschen ein gefühlsgeladenes und dramatisches Leben. Sie brauchen das Gefühl, von anderen gebraucht zu werden. Es sind spirituell orientierte Personen mit festen Überzeugungen, die sich manchmal manipulieren lassen.

An diesem Tag geboren: Michael Jackson, Antoine de St. Exupery

Der Dreißigste: Beliebt, aber schnell gelangweilt. Ähnelt dem Dritten. Diese Zahl hat viele Freunde und steht im Mittelpunkt der Aufmerksamkeit. An diesem Tag geborene Personen sind von Natur aus Unterhalter und lieben das Leben. Manchmal kann sich ihr Witz als allzu hellsichtig erweisen. Es sind glückliche Menschen, freilich mit der Neigung, ihre Energie zu verschleudern.

An diesem Tag geboren: Johanna v. Koczian, Sir Winston Churchill, Truman Capotex

Der Einunddreißigste: Anziehend, aber traditionell. Ähnelt dem Vierten. Menschen dieses Tages sind zugleich praktisch und kreativ – eine potente Mischung und eine ungewöhnliche Verbindung aus hartem Arbeiter und Künstler. Sie sind selbstlose Persönlichkeiten mit einem charakteristischen guten Geschmack. Ihre Kombination von Intuition und praktischem Sinn kann für sie zur Belastung werden.

An diesem Tag geboren: René Descartes, Norman Mailer

In der herkömmlichen Numerologie wird auf zweistellige Geburtstagszahlen die Quersummenbildung angewendet, um die wahre Essenz der Zahl zu erhalten. Das ist die gleiche Vorgehensweise die wir benutzt haben, um die Zahl des Lebenwegs zu finden. Wenn im weiteren Text von der Geburtstagszahl gesprochen wird, bezieht sich das immer auf die Zahl, die durch die Quersummenbildung ermittelt worden ist. Der Grundcharakter der einzelnen Geburtstagszahlen sieht so aus:

Eins (oder 10, 19 & 28): Führungskraft, Originalität, Selbstvertrauen
Zwei (oder 11, 20 & 29): Zusammenarbeit, Freundschaft, Freundlichkeit
Drei (oder 12, 21 & 30): Kreativität, Selbstausdruck, Witz
Vier (oder 13, 22 & 31): Praktischer Sinn, Selbstdisziplin, harte Arbeit
Fünf (oder 14 & 23): Kommunikation, Freiheitsliebe, Beweglichkeit
Sechs (oder 15 & 24): Verantwortlichkeit, Kreativität, Beratung
Sieben (oder 16 & 25): Intuition, Analyse, Alleinsein
Acht (oder 17 & 26): Ehrgeiz, Zielstrebigkeit, Unabhängigkeit
Neun (oder 18 & 29): Mitleid, Drama, Idealismus

Es ist manchmal leichter, sich der Eigenschaften Ihrer Geburtstagszahl zu bedienen, als der Ihrer Lebenswegszahl. Wenn die beiden Zahlen übereinstimmen, gibt es keine Probleme. Weichen sie allerdings voneinander ab, dann ist es immer die Zahl des Lebenswegs, die Ihnen Ihre wahre Richtung zeigt, den Weg, der Sie zur Erfüllung führen wird. Der Geburtstagszahl zu folgen und die Zahl des Lebenswegs zu ignorieren, wird Sie in Frustrationen führen.

Ihr Geburtstag fügt Ihrer Lebenswegszahl neue Talente und Stärken hinzu. Da letztere Zahl immer die entscheidende bleibt, können die Gaben Ihrer Geburtstagszahl den Lebensweg fördern, aber auch behindern. Wenn Geburtstags- und Lebenswegszahl zwar nicht übereinstimmen, aber beide entweder gerade oder ungerade sind, dann besteht eine harmonische Beziehung. Sie werden sich beider Seiten Ihrer Persönlichkeit bewußt sein, aber nicht allzuviele innere Probleme damit erleben. Ein Beispiel: Der Schauspieler Robert Redford hat als Zahl des Lebenswegs die Eins, als Geburtstagszahl eine Neun. Seine *Schlüsseleigenschaften* sind also die eines Anführers und Initiators, aber er verfügt auch über die humanitären Qualitäten der Neun. In ähnlicher Weise würde jemand mit der Vitalität des Lebenswegs Fünf durch die Wirkung der Geburtstagszahl Sieben zu einem ruhigeren Menschen.

Ist bei Ihnen die eine Zahl gerade und die andere ungerade, ergibt sich daraus ein gewisses Konfliktpotential. Der entscheidende Punkt dabei ist, nicht zu vergessen, daß der Lebensweg die Fährte ist, der Sie in Ihrem Leben folgen müssen. Wenn Sie die Eigenschaften Ihres Lebenswegs bewußt pflegen, werden sich die Probleme in Ihrem Leben schrittweise entschärfen.

Die Zielzahl

In Ihrem Geburtsdatum versteckt sich noch eine wichtige Zahl: Die Zielzahl. Sie repräsentiert das, was sie erreichen können – das Ziel Ihres Lebenswegs. Sie ist die dritte in der Rangfolge der Bedeutsamkeit. Wenn Sie dieses »Ziel« ignorieren, verstärkt das die negativen Eigenschaften der Zahl Ihres Lebenswegs. Die Zielzahl finden Sie, indem Sie Ihre Geburtstagszahl und Ihren Geburtsmonat zusammenzählen und ihn mittels der Quersummenbildung auf eine Ziffer reduzieren.

Ein Beispiel: Jacqueline Onassis wurde an einem 28. Juli geboren. Addieren wir die Achtundzwanzig (Geburtstagszahl Eins) und die Sieben (Juli) zusammen, erhalten wir ihre Zielzahl: Die Acht.

Zielzahl Eins: Das Ziel ist Führung.

Zielzahl Zwei: Das Ziel ist Freundschaft.

Zielzahl Drei: Das Ziel ist kreativer Ausdruck.

Zielzahl Vier: Das Ziel ist praktische Leistung.

Zielzahl Fünf: Das Ziel ist Freiheit.

Zielzahl Sechs: Das Ziel ist akzeptierte Verantwortung.

Zielzahl Sieben: Das Ziel ist Weisheit und Selbsterkenntnis.

Zielzahl Acht: Das Ziel ist materieller Erfolg.

Zielzahl Neun: Das Ziel ist der Ausdruck universeller Liebe.

DIE VOKALZAHL

Ein Name ist wie eine Art Gesicht.

Thomas Fuller

Ihr Name hat Wirkungen auf das, was Sie wollen, auf die Sicht, die andere Menschen von Ihnen haben, und in allererster Linie auf das, was Sie tun. Die Behauptung, ein Name könne irgendwelche Effekte bewirken, halten manche Leute für töricht. Doch wenn Worte und deren Klang uns beeinflussen – und das ist bei allen Worten der Fall – dann muß das auch auf Namen zutreffen. Denn ein Name ist immerhin auch ein Wort.

Bedenken Sie, wieviel Zeit Eltern damit verbringen, das *richtige Wort* für ihr Kind auszusuchen. Ein Kind erkennt dieses Wort – seinen Namen – während seines zweiten Lebensjahres, den Familiennamen ungefähr im Alter von drei Jahren. Der Name wird zu einem Symbol für die Person. Man hat das Gefühl, er sei untrennbar mit dem eigenen Selbst verbunden. Sie hören ihn Tag um Tag. Er hat Einfluß auf Ihr Tun. Der Klang dieses Symbols Ihrer Person wird ein Teil von Ihnen.

Die folgenden Namen klingen alle ganz unterschiedlich, egal welches Geschlecht man mit ihnen in Verbindung bringt: Susanne, Kim, Evelyn, Wilhelm. Jeder Name hat einen speziellen »Sound«, einen Klang, der seinen Träger beeinflußt. Eine numerologische Analyse kann diese Wirkungen aufdecken. Zwei Menschen mit dem gleichen Namen werden dennoch immer in individueller Weise auf ihn reagieren.

Der Autor Bernhard Spencer Le Gette entwirft in einem Buch über die hebräische Numerologie mit dem Titel »Numera« ein originelles Bild von der Wirkung, die Namen auf uns ausüben können. Wir sollen, so meint er, uns vorstellen, wir würden statt mit einem Namen mit der ersten Zeile eines Liedes gerufen werden. Überlegen Sie sich, wie Sie jeden Tag auf »Stille Nacht, heilige Nacht« reagieren würden. Vielleicht wären Sie ein anderer Mensch, wenn Ihr Name »Du bist alles für mich, denn ich liebe nur dich« lauten würde? Unsere Namen werden zwar nicht gesungen, aber das macht keinen Unterschied. Wir sind es einfach gewohnt, zu hören, wie sie jemand ausspricht. Ihr Klang und ihr Rhythmus behalten ihre Kraft über uns.

Ihr Name ist nicht so untrennbar mit Ihnen verbunden wie Ihr Geburtsdatum. Das mag sich zwar so anfühlen, ist aber nicht der Fall. Ihre Eltern haben ihn für Sie ausgewählt. Sie können ihn jederzeit ändern, bei Ihrem Geburtsdatum ist das unmöglich.

Es ist eine Tradition in unserer Gesellschaft, daß verheiratete Frauen ihren Namen wechseln. Sie nehmen bei der Hochzeit den Namen ihres Mannes an. Unter Umständen registrieren sie danach auch einen Wandel in ihrer Einstellung. Der neue Name kann dazu beitragen, eine andere Person aus ihnen zu machen. Das kann ein Wechsel zum Besseren oder zum Schlechteren sein, auf jeden Fall erzeugt die Anpassung an den neuen Namen in zahlreichen Fällen ein Gefühl der Verwirrung. Der Mann behält seinen eigenen Namen. Er verändert sich weniger. Das scheint ungerecht zu sein.

Das Aussprechen eines Namens erschafft Schwingungsfelder, die ihre Wirkung auf uns haben. Unser Name wird Teil unserer Aura, also des Energiefeldes, das uns umgibt. Die Autorin Shirley Blackwell Lawrence beschreibt in *Behind Numerology*, einem hervorragenden Buch, das sich eingehend mit der Analyse von Wörtern befaßt, eine Maschine. Dieses »Eidophon« ist in der Lage, die sonst unsichtbaren Schwingungsmuster gesprochener Worte in der Atmosphäre sichtbar zu machen. Schön klingende Worte bilden harmonische Muster, brutale oder häßliche Worte schaffen wirre Gebilde. Diese Maschine liefert den Beweis, daß Worte oder Namen die Atmosphäre verändern, etwas, was wir oft fühlen, aber nicht sehen können. Der Name auf den Sie täglich hören und reagieren, hinterläßt seine Spuren. F. Scott Fitzgerald hat einmal geschrieben: »Du kannst Menschen mit Worten streicheln.« Welche Wirkungen hinterläßt Ihr Name?

Der Name, unter dem Ihre Mitmenschen Sie kennen, ist Ihr *wirklicher* Name. Dieser Name birgt die Töne, die tagaus – tagein auf Sie einwirken. Er ist die Grundlage für eine exakte Analyse. Der vollausgeschriebene Name auf Ihrer Geburtsurkunde beschreibt Ihren Start ins Leben. Der Name, den andere jetzt für Sie verwenden, beschreibt, was aus Ihnen geworden ist.

Wenn Ihr Name einen Bindestrich enthält, wie Hans-Jörg, oder als ein Wort gesprochen wird, wie Anna Lena, behandeln Sie ihn als einen Namen, es sei denn, Sie werden Anna, und nicht Anna Lena genannt. Weitere Vornamen (ob abgekürzt oder ausgeschrieben) sollten Sie nur einbeziehen, wenn Sie sie *immer* benutzen.

Entscheidend ist die gesamte Kombination von Vornamen und Nachnamen, die Sie derzeit verwenden. Die Vokale zeigen Ihnen, was Sie motiviert. Die Konsonanten beeinflussen ihr Selbstbild und den ersten Eindruck, den Ihre Persönlichkeit bei anderen hinterläßt. Die Gesamtzahl, die sich aus Vokalen und Konsonanten ergibt, dokumentiert ihr zwischenmenschliches Verhalten.

Die Zahl Ihres Lebenswegs, Ihre Geburtstagszahl und die Struktur Ihrer Geburtstafel wirken sich auf Ihren Namen aus. Wenn Sie drei oder mehr Linien auf Ihrer Geburtstafel haben, Ihre Geburtstafel also stark ist, dann ist der Effekt Ihres Namens etwas geringer als bei einer schwachen Geburtstafel. Wünschenswert und von Vorteil ist ein guter Name, ein Name der Ihren Lebensweg fördert.

Ihr Vorname wirkt sich auf Ihre persönlichen Angelegenheiten aus und beeinflußt Sie stark, wenn Sie alleine sind. Ihr Familienname steht für familiäre beziehungsweise ererbte Charakterzüge. Seine Wirkung ist geringer, es sei denn, Sie werden ständig damit angeredet.

Ihr gesamter Name – also Vorname (gegebenenfalls mehrere) und Nachname – beeinflußt das Persönlichkeitsbild, das Sie in der Öffentlichkeit zeigen, und steht für Ihre Person »im ganzen«. In diesem vollständigen Namen sind Ihre wichtigsten Namenszahlen enthalten. Er ist das Symbol für *Sie*, ob im Umgang mit sich oder mit anderen. Er ist das Symbol, das die Grundlage unserer Analyse bildet.

Die Buchstaben unseres Alphabets sind durchnumeriert. Es gibt die natürliche Reihenfolge von A bis Z: A ist gleich Eins und Z ist gleich sechsundzwanzig. In der herkömmlichen Numerologie wird auf alle Zahlen des Alphabets, die mehrere Ziffern haben, die Quersummenbildung angewendet: von 10 bis 26, also von J bis Z. Auf diese Weise zeigt sich die Essenz jedes Buchstabens. Wenn wir das durchführen, sehen wir, daß A (1), J (10) und S (19) allesamt von der Zahl Eins repräsentiert werden. Das bedeutet, A, J und S haben etwas gemeinsam, es besteht ein Beziehung zwischen ihnen.

Folgende Tabelle zeigt die Zahl jedes Buchstabens:

1	2	3	4	5	6	7	8	9
A	B	C	D	E	F	G	H	I
J	K	L	M	N	O	P	Q	R
S	T	U	V	W	X	Y	Z	

Zunächst werden wir den Einfluß Ihrer Vokale betrachten. Die Vokalzahl hat viele Namen: Motivationszahl, Zahl des Seelentriebs, Ehrgeizzahl, Zahl des Herzenswunschs und andere. Hier wird sie einfach Vokalzahl genannt. Sie deckt auf, was ein Mensch vom Leben will, was er oder sie sich im Herzen ersehnt. In früheren Zeiten betrachtete man die Vokalzahlen als heilig. Sie stehen noch heute für die innere Lebendigkeit eines Namens; deshalb zeigen sie die innere, die verborgene Motivation. Wenn jemand seinen Namen ändert und auf diese Weise die Vokalzahl wechselt, heißt das nicht, daß er unmittelbar danach andere Ziele hat. Doch im Laufe der Zeit beginnen die Schwingungen des neuen Namens zu wirken, und die Motivation wird sich wandeln. Die Vokalzahl ist in der Rangliste der Bedeutung nur der vollständigen Namenszahl untergeordnet.

Die Vokale sind A, E, I, O und U. Manche Numerologen rechnen auch das Y unter die Vokale, manche nicht und manche nur, wenn in dem Namen kein anderer Vokal auftaucht. Ich schlage vor, das Y nur als Vokal zu betrachten, wenn in derselben Silbe kein anderer Vokal auftaucht. In Sally würde es als Vokal gelten, in Rodney nicht. Vielleicht finden Sie diese Vorgehensweise korrekt. Unglücklicherweise ist das Y ein verwirrender Buchstabe. Sollte er in Ihrem Namen enthalten sein, versuchen Sie beides und rechnen Sie ihn einmal unter die Vokale und einmal unter die Konsonanten. Sie werden merken, was für Sie zutrifft. Der Einfluß des Y bedeutet, daß Sie in zwei verschiedenen Richtungen motiviert sein können. (Es scheint sich zu empfehlen, für die deutschen Umlaute Ä, Ö und Ü wie in Käthe, Dörte oder Jürgen die Schreibung AE, OE und UE zugrundezulegen. A.d.Ü.).

Mit Hilfe der Tabelle auf Seite 65 plazieren wir die Zahlen für die Vokale jeweils über der Stelle, an der sich die Buchstaben im Namen befinden. Dann bilden wir die Quersumme. Das Endergebnis ist die Vokalzahl. Als Beispiel hier der Name des Tennisprofis Andre Agassi. Seine Vokalzahl ist die Acht.

$$1 \quad 5 \quad 1 \quad 1 \quad 9 \quad = 17 = 1 + 7 = 8$$
A N D R E   A G A S S I

Die Vokalzahlen im einzelnen

Vokalzahl Eins: Menschen mit dieser Zahl wollen die Führung übernehmen und ihre Vorstellungen und Wünsche verwirklicht sehen. Am liebsten arbeiten sie allein – selbständige Tätigkeiten machen ihnen Spaß. Sie bevorzugen eigenwillige und unorthodoxe Wege und streben nach Unabhängigkeit. Ihr Sinn für Humor und ihr Optimismus geht ihnen selten oder nie verloren. Es kann sein, daß sie sich nicht um die Wünsche anderer Menschen kümmern. Wenn sie einen Entschluß gefaßt haben, können sie es kaum erwarten, ihn in die Tat umzusetzen. Sie wollen die Dinge auf ihre eigene Art erledigen.

Vokalzahl Zwei: Menschen mit der Vokalzahl Zwei können problemlos mit anderen Menschen zusammenarbeiten. Sie zögern aber manchmal, den ersten Schritt zu tun – es ist ihnen unter Umständen lieber, wenn ein anderer das übernimmt. Dann fällt es ihnen leicht zu folgen. Ein langsamer und stetiger Lebensrhythmus wird von ihnen bevorzugt, und sie wollen nicht gehetzt werden. Es zieht sie zu Musik und Rhythmus. Als friedliebende Persönlichkeiten fühlen sie sich unwohl, wenn ihre Umgebung zu sehr vom Geist des Wettbewerbs bestimmt wird. Sie sind sensibel für die Gefühle anderer und suchen Inspirationen.

Vokalzahl Drei: Personen mit der Vokalzahl Drei wollen Spaß haben. Ein angenehmer Rahmen und eine lebendige

Atmosphäre ist das, was sie sich wünschen. Sie sind ehrgeizige Menschen und wollen in alles, was sie tun, einen Schuß Kreativität bringen. Nach getaner Arbeit möchten sie feiern und sich amüsieren. Sie mögen Menschen um sich herum – ohne ständige Stimulation fangen sie an, sich zu langweilen. Diese Persönlichkeiten fühlen sich von der glanzvollen Seite des Lebens angezogen. Sie haben einen guten Blick für die Motive anderer Menschen. Sie reden gern und können zuweilen eitel und eifersüchtig sein.

Vokalzahl Vier: »Vierer« wollen ein ordentliches, geregeltes Leben. Sie haben ein Auge für das Praktische und bringen unkonventionellen Dingen Mißtrauen entgegen. Stabilität und Sicherheit sind für sie von großer Bedeutung. Sie schrecken nicht vor harter Arbeit zurück, aber zuweilen stellen sich bei ihnen Gefühle des Eingeschränkt- und Festgefahrenseins ein. Ist das über lange Zeit der Fall, wechseln sie abrupt die Richtung. Die meiste Zeit allerdings sind ihnen plötzliche Veränderungen ein Greuel. Sie fühlen sich in fest abgesteckten Grenzen wohl.

Vokalzahl Fünf: Freiheit und ein Leben ohne Einschränkungen ist das Ziel der »Fünfer«. Zu ihren Bedürfnissen zählt Kommunikation mit anderen Menschen. Sie sind immer an neuen und progressiven Ideen interessiert und möchten alles wenigstens einmal ausprobieren. Sie sind wendig und passen sich sofort an veränderte Verhältnisse an. Sobald sie irgend etwas bis zum letzten ausgekostet haben, wenden sie sich neuen Interessen zu. Reisen sind für sie immer attraktiv, Sex spielt meistens eine große Rolle. Sie sind rastlose Menschen, die sich allzusehr in Vergnügungen verlieren können.

Vokalzahl Sechs: Unter dieser Zahl findet man hilfsbereite Menschen mit hoher Verantwortungsbereitschaft. Sie haben feste Vorstellungen von falsch und richtig und wollen der Gerechtigkeit Genüge getan wissen. Andere sollen sich ihrer Ansicht nach genauso verantwortungsbewußt verhalten. Menschen mit der Vokalzahl Sechs brauchen ein stilles und ungetrübtes Familienleben. Sie haben viel Liebe und Kreativität und es geht ihnen nur gut, wenn sie sie auch an andere weitergeben können. Sie sind Perfektionisten, denen es nicht gefällt, unter unvollkommenen Bedingungen zu leben.

Vokalzahl Sieben: Alleinsein wollen, um denken zu können: »Siebener« müssen ihre Entschlüsse selbst fassen und vertragen es nicht, gesagt zu bekommen, was sie zu tun haben. Sie gehen alle Dinge analytisch an, aber sie lassen es dabei auch nicht an Intuition fehlen. Charakteristisch für sie ist ein starkes Gefühl für ihre eigene Individualität. Ihre Geheimnisse behalten Menschen mit dieser Vokalzahl am liebsten für sich. Sie lieben die Natur, häufig fühlen sie sich von der See angezogen. Ist es ihnen nicht möglich, sich Zeit für das Alleinsein mit ihren Gedanken zu nehmen, fühlen sie sich unausgeglichen. »Siebener« hassen gute Ratschläge – sie wollen ihre Erfahrungen aus erster Hand.

Vokalzahl Acht: Solche Menschen haben Ziele und wollen sie auch erreichen – ehrgeizig und von einem starken Erfolgswillen beseelt. Unabhängigkeit ist eines dieser Ziele. Sie sind logisch und systematisch und in der Lage, rücksichtslose Entscheidungen zu treffen. In »Achtern« wohnen starke Sehnsüchte, und sie sind frustriert und verwirrt, wenn diese Sehnsüchte nicht erfüllt werden. Dann geben sie sich selbst die Schuld. Persönlichkeiten wie sie müssen sich mehr Entspannung gönnen. Wenn ihre persönlichen Bedürfnisse befriedigt sind, helfen sie anderen, die nicht soviel Glück hatten.

Vokalzahl Neun: Personen mit der Vokalzahl Neun wollen, daß sich ihre Ideale zu ihren Lebzeiten verwirklichen. Sie haben Mitgefühl, Verständnis und eine breite Palette an Interessen. Sie reisen gern. Unglücklicherweise kann es ihnen passieren, daß sie ihre Energie in allzuvielen Vorhaben verzetteln. »Neuner« sind romantischen Naturen, die das Drama des Lebens genießen und es im großen Stil erleben. Sie haben den Wunsch und das Bedürfnis, sich kreativ zu verwirklichen. Manchmal sind sie anderen Menschen gegenüber zu vertrauensvoll, aber sie lieben das Leben.

Der Grad, in dem sich Ihre Vokalzahl auf Ihr Leben auswirkt, hängt von der Zahl Ihres Lebenswegs ab. Stimmen beiden Zahlen (Vokalzahl und Lebenswegzahl) überein, dann werden sich in Ihren Lebenszielen keine Konflikte ergeben. Das ist die bestmögliche Verbindung, die ein Mensch haben kann.

Weichen die Zahlen voneinander ab, dann müssen Sie im Bereich Ihrer Wünsche mit Reibungspunkten rechnen. Gesetzt den Fall, beide Zahlen sind entweder ungerade oder gerade, dann ergibt sich kein ernstzunehmendes Problem: die Zahlen stehen zwar für unterschiedliche Bedürfnisse, die sich aber entweder ergänzen oder gegenseitig tragen.

Ist jedoch eine Zahl ungerade und die andere gerade, bedeutet das einen Konfliktherd. Ihr Lebensweg wird Ihnen Möglichkeiten bieten, die Sie ablehnen. Ihre Vokalzahl ist die Ursache von Träumen und Sehnsüchten, die mit Ihren Fähigkeiten und Gaben nicht unter einen Hut zu bringen sind. Die Vokalzahl spiegelt lediglich Ihre Motivationslage wieder, nicht das, was Sie dann wirklich in die Tat umsetzen. Wenn wir weiter unten die vollständige Namenszahl betrachten, werden Sie vielleicht merken, daß Sie mehr in Einklang mit der Zahl Ihres Lebenswegs handeln.

Der Lebensweg gibt Ihnen immer die richtige Richtung für Ihr Tun vor.

Wenn sich bei Ihnen Vokalzahl und Geburtstagszahl decken, sollten Sie darauf achten, nicht zuungunsten Ihres Lebenswegs zuviel Gewicht auf die Eigenschaften Ihrer Geburtstagszahl zu legen. (Das gilt nur, wenn Geburtstags- und Lebenswegszahl voneinander abweichen.)

Wie Sie sicher bemerkt haben, ergeben die Konstellationen auf Ihrer Geburtstafel zusammen mit den eben besprochenen Zahlen ein an Möglichkeiten reiches Muster.

Die Konsonantenzahl

Nur oberflächliche Menschen urteilen nicht nach dem Erscheinungsbild.

Oscar Wilde

Die Summe der Konsonanten in Ihrem Namen zeigt Ihr Erscheinungsbild gegenüber Fremden, den ersten Eindruck, den Sie hinterlassen. Diese Zahl steht nicht für das, was Sie wollen oder letztendlich tun, sondern für Ihr Persönlichkeitsbild in der Öffentlichkeit. Sie hat Einfluß auf Ihre Art, sich zu sehen, wenn Sie mit sich allein sind, obwohl Sie sich dessen vielleicht nicht bewußt sind. Sie steht dem Einfluß der Geburtstagszahl näher als dem Einfluß der Zahl des Lebenswegs.

Auch diese Zahl hat viele Namen: Persönlichkeitszahl, Zahl des inneren Selbst, Eindruckszahl, Zahl des latenten oder ruhenden Selbst und so weiter. Wir werden sie die Konsonantenzahl nennen. Sie repräsentiert Ihr öffentliches und privates »Image«.

Um sie zu finden, benutzen wir ein weiteres Mal die Zahlentabelle für das Alphabet (siehe S. 65). Setzen Sie die entsprechenden Zahlen unter jeden Konsonanten in Ihrem Namen. Benutzen Sie die Quersummenbildung, um die Summe auf eine Ziffer zu reduzieren. Ein Beispiel:

WINSTON CHURCHILL
5 5 1 2 5 3 8 9 3 8 3 3 = 55 = 5 + 5 = 10 = 1 + 0 = 1

Winston Churchill hat die Konsonantenzahl Eins.

Der erste Eindruck, den die Konsonantenzahl vermittelt, kann von der Motivation (für die die Vokalzahl steht) abweichen. Zum Beispiel:

$$
\begin{array}{cccccc}
5 & 9 & 1 & 5 & 1 & 6 & = 27 = 2+7 = 9 \\
\text{E L I} & \text{Z A B E T H} & & \text{T A Y L OR} \\
3 & 8 & 2 & 2\ 8 & 2 & 7\ 3 & 9 = 44 = 4+4 = 8
\end{array}
$$

Die Acht als Konsonantenzahl Elizabeth Taylors ergibt ein kraftvolles, weltverbundenes und ehrgeiziges Image; die Vokalzahl zeigt die humanistische Motivation. Das nach außen vermittelte Image wirkt ehrgeiziger als beabsichtigt. In diesem Fall wurde das Y zu den Konsonanten gerechnet. Aber auch wenn man es unter die Vokale einordnet, ergibt sich eine Abweichung der beiden Zahlen.

Die Konsonanten und Vokale in einem beliebigen Wort zu betrachten, macht es uns möglich, die Motivation und das äußere Bild zu bestimmen, die das Wort schafft. Als Beispiel die beiden englischen Wörter WRITER (Schriftsteller) und ACTOR (Schauspieler):

$$
\begin{array}{l}
9\ 5 = 14 = 1+4 = 5 \qquad 1 \quad 6 \quad = 7 \\
\text{W R I T E R} \qquad\qquad\qquad \text{A CT OR} \\
5\ 9 \quad 2 \quad 9 = 25 = 2+5 = 7 \qquad 3\ 2 \quad 9 = 14 = 1+4 = 5
\end{array}
$$

Sie können sehen, daß »Writer« die Neugier und das Bedürfnis zu kommunizieren (Fünf) in sich birgt. Das Image aber ist das der Sieben, einsam und geheimnisvoll. Bei »Actor« ist es umgekehrt: Die Konsonantenzahl Fünf ergibt einen ersten Eindruck der Extravertiertheit, der über die Wünsche der Vokalzahl Sieben nach Verborgenheit und Individualität hinwegtäuscht.

Städte- und Ländernamen, Worte und Namen aller Art können über ihre Vokale und Konsonanten numerologisch analysiert werden. Ein Wort, das in einer anderen Sprache (die aber das gleiche Alphabet benutzt) anders lautet, repräsentiert durch seine Zahlen die unterschiedlichen Auffassungen anderer Kulturen. Bei dem folgenden Beispiel kann es sich nicht um eine exakte Analyse handeln, da die Laute dieses Namens lediglich mit Buchstaben unseres Alphabets umschrieben wurde. Sie können daran jedoch sehen, wie die Vokal- und Konsonantenzahl unsere Wahrnehmung prägt:

$$
\begin{array}{lllll}
1 & 1 & 3 & 5\,9 & = 19 = 1 + 9 = 10 = 1 + 0 = 1 \\
\text{S A D D A M} & \text{H U S S E I N} \\
1 \quad 4\,4 \quad 4 & 8 \quad 1\,1 & 5 & = 28 = 2 + 8 = 10 = 1 + 0 = 1
\end{array}
$$

Die Konsonantenzahlen

Konsonantenzahl Eins: Das ist das Image einer Führungspersönlichkeit. Solche Menschen beschreiten die Bühne des Lebens mit Initiative, Entschlossenheit und Originalität. Sie wirken, als ob sie sich um sich selbst kümmern könnten. Um sich herum verbreiten sie eine Aura des Selbstvertrauens, sogar wenn sie selbst sich gar nicht so fühlen. Manchmal machen sie sich Feinde durch den Enthusiasmus, mit dem sie für die Verwirklichung ihrer Pläne sorgen. Man hat nicht den Eindruck, daß sie gute Teamarbeiter sind. Als glückliche, oft vom Fleck weg beliebte Menschen scheinen sie keine Hilfe zu brauchen.

Konsonantenzahl Zwei: Das ist das Image des freundlichen Mitarbeiters. Wo diplomatische Fähigkeiten gefragt sind, kommen diese gut zurecht. Sie zeigen Takt und die Fähigkeit, Rat, Trost und Hilfe zu geben. Man hat in ihnen anregende aber ruhige Menschen, die auf den ersten Blick scheu wirken. Den ersten Schritt zu tun, ist nicht immer ihre Sache. Die Kehrseite dieses Bildes ist Verschlagenheit.

Andere erleben sie als umgängliche und natürliche Persönlichkeiten, die gute Freunde abgeben.

Konsonantenzahl Drei: Das ist das Image einer strahlenden, glücklichen und witzigen Person von bemerkenswerter Kreativität, Lebenslust und viel Freude am Genießen. Menschen mit der Konsonantenzahl Drei sind scharfsinnig und können anderen Lachen und Freude bringen. Sie wirken rastlos und langweilen sich schnell. Als Gruppenmenschen werden sie bei gesellschaftlichen Ereignissen lebendig. Sie wirken wie ausgesprochene Glückspilze.

Konsonantenzahl Vier: Das ist das Image von Menschen mit organisatorischer Begabung, die in Krisen praktisch handeln: harte, emotionell stabile, unabhängige Arbeiter. Sie wirken sehr selbstdiszipliniert. Langweilige, aber schwierige Routineangelegenheiten fallen »Vierern« nicht schwer, da ihnen Kleinarbeit liegt. Hier findet man orthodoxe und konservative Persönlichkeiten. Das Natürliche ziehen sie dem Künstlichen vor. Sie wirken berechenbar, aber solide.

Konsonantenzahl Fünf: Das ist das Image beweglicher Menschen: Multitalente, die sich mit atemberaubender Anpassungsfähigkeit fast jeder beliebigen Aufgabe zuwenden können. Sie reagieren schnell, mit Durchblick und Begeisterung. Es sind Menschen, die alles Neue ausprobieren wollen – schwer festzunageln und freiheitsliebend ohne Ende. Ihre sexuelle Anziehungskraft zeigt sich oft schon bei der ersten Begegnung. Sie wirken sexuell aktiver als sie sind. Man ist sich bei ihnen nie so ganz sicher: die verwirrende Verbindung von Gegensätzen.

Konsonantenzahl Sechs: Ein Image von verantwortungsbewußter Kreativität. »Sechser« wirken harmonisch, ausgewogen und schönheitsliebend. Sie wirken wie gute Teamarbeiter beziehungsweise verläßliche Partner. Man hält sie für gute Lehrer. Ihr Zuhause scheint der Platz zu sein, wo sie glücklich sind. Manchmal sind sie überängstlich, aber sie sind hingebungsvolle Eltern.

Konsonantenzahl Sieben: Das ist das Image der kühlen, unabhängigen, tiefschürfenden Denker. Am Anfang sind sie nicht leicht kennenzulernen – einsam und geheimniskrämerisch geben sie nichts preis. Es sind individuelle Typen, die keinen Rat annehmen und ihre eigenen Wege gehen. Sie wirken arrogant, doch das ist nur natürliche Reserviertheit. Sie fürchten sich nicht, den ersten Schritt zu tun – sie wollen einfach nicht.

Konsonantenzahl Acht: Das Image starker, selbstsicherer und fähiger Menschen. Hinter dem, was sie tun, spürt man ein Gefühl von Kraft. Sie wirken ehrgeizig, zielorientiert und entschlossen, aus ihrem Leben einen Erfolg zu machen. Man hat keineswegs immer den Eindruck, ihr Leben sei leicht. Es kann eine Unterströmung von Kampf oder Unglück in ihrem Leben geben. »Achter« sind durch die Extreme »alles oder nichts« gekennzeichnet. Sie sind hartnäckige Überlebenskünstler. Zu anderen Menschen sind sie freundlich. Zuweilen sind sie gierig und materialistisch. Sie brauchen das Gefühl, die Dinge unter Kontrolle zu haben.

Konsonantenzahl Neun: Das ist das Image eines dramatischen, romantischen Idealisten. Man stößt auf Menschenliebe und einen offenen Zugang zum Leben. Menschen mit dieser Zahl wirken charismatisch. Sie scheinen leidenschaftliche Humanisten mit unkonventionellem Stil zu sein, unabhängig und kreativ. Andere fühlen sich von ihrer dynamischen Präsenz angezogen. Sie sind energiegeladen, mit einem schnellen, explosiven Temperament. Ihr Leben ist anscheinend alles, nur nicht langweilig.

Die Konsonantenzahl ist weniger bedeutend als die Vokalzahl. Ihre Lebensziele werden immer einen stärkeren Einfluß haben als Ihr öffentliches Image. Dennoch bleibt die Konsonantenzahl wichtig, und wie bei der Vokalzahl müssen Sie auch ihre Wechselwirkung mit der Zahl des Lebenswegs in die Rechnung einbeziehen.

Stimmt die Konsonantenzahl mit der Zahl des Lebenswegs überein, dann wird der erste Eindruck, den Sie hinterlassen, wahrscheinlich widerspiegeln, wer Sie wirklich sind. Das muß aber nicht heißen, daß gleich all Ihre Ziele und Wünsche aufgedeckt werden.

Sind beide Zahlen jeweils entweder ungerade oder gerade, dann existiert eine harmonische Beziehung. Ihr Image steht nicht in Konflikt mit Ihrem Geburtsdatum. Ist eine Zahl gerade und die andere ungerade, dann hinterlassen Sie ein Bild, das von Ihrem eigentlichen Selbst abweicht. Andere Menschen bekommen unter Umständen den Eindruck, daß Sie nicht der richtige Kandidat für die Chancen sind, die sich auf Ihrem Weg ergeben.

Die Streßzahlen

Der Konfliktbereich zwischen zwei Zahlen kann oft mit Hilfe der Streßzahlen näher untersucht werden. Um eine Streßzahl zu finden, ziehen Sie die eine der betreffenden Zahlen von der anderen ab. So können Sie vorgehen, um die wichtigsten Probleme zwischen der Zahl Ihres Lebenswegs und Ihrer Vokalzahl, zwischen Ihrer Vokal- und Ihrer Konsonantenzahl oder zwei beliebigen anderen Zahlen aufzudecken. Zieht man zwei gerade oder zwei ungerade Zahlen voneinander ab, erhält man allerdings keinen so deutlichen Zugang zu den Problemen wie im Falle einer ungeraden und einer geraden Zahl.

Ein Beispiel: Jane Austen hatte die Konsonantenzahl Fünf und die Lebenswegszahl Drei (beides Zahlen, die für Neugier und schöpferische Kraft stehen). Ihre Streßzahl in diesem Fall war die Zwei (3 – 5 = 2). Obwohl beide Zahlen, Lebenswegs- und Konsonantenzahl, ungerade waren – was eine harmonische Beziehung bedeutet – weist ihre Streßzahl auf folgendes hin: Wenn Probleme entstanden sind, dann im Bereich Zusammenarbeit, Teilen, Bereitschaft, sich nach anderen zu richten, und so weiter – alles Eigenschaften der Zwei.

Greta Garbos Zahl des Lebenswegs war die Sechs, ihre Konsonantenzahl die Neun (eine Kombination zweier kreativer Zahlen). Ihre Streßzahl an dieser Stelle war die Drei. Das weist auf Schwierigkeiten hin, die sie mit Spaß, Gelächter und Geselligkeit hatte. Vielleicht gab es auch Zeiten, in denen sie nicht bereit war, ihre kreative Gabe zu nutzen. Das wirft ein interessantes Licht auf ihre berühmte Aussage: »Ich will allein sein.«

Von größerer Bedeutung sind aber immer die positiven und negativen Eigenschaften der beiden Zahlen, die wir benutzen, um die Streßzahl zu finden. Die Streßzahl gibt nur ergänzende Informationen.

Die Bedeutung der Streßzahlen

Null: Keine Streßzahl. Die Null ergibt sich nur, wenn beide Zahlen gleich sind. Das bedeutet nur geringe Spannungen. Alle auftretenden Schwierigkeiten finden sich in den negativen Aspekten der betreffenden Zahl.

Eins: Streß entsteht, wenn es darum geht, die Initiative zu ergreifen, Führungsaufgaben zu übernehmen, sich einen Weg in die eigene Richtung zu bahnen und neue Dinge anzupacken. Es fehlt an Ehrgeiz, Vertrauen und an Mut.

Zwei: Streß tritt auf, wenn die Fähigkeit zur Zusammenarbeit mit anderen gefragt ist. Unter Umständen zeigt sich ein Mangel an Sensibilität oder an der Bereitschaft, Zuneigung zu zeigen. Die Streßzahl Zwei bedeutet auch die Unfähigkeit, Anweisungen zu befolgen, die fehlende Bereitschaft zu teilen und Schwierigkeiten, eine friedliche Atmosphäre zu bewahren.

Drei: Der Streß zeigt sich darin, daß das Leben zu ernst genommen wird. Selbstausdruck bereitet Probleme. Man fühlt sich unbehaglich in Menschenansammlungen und kommt in Gruppen nicht zurecht. Manchmal bleiben kreative Potentiale brach liegen.

Vier: Streß zeigt sich über der Notwendigkeit, sich mit den praktischen Fragen des Lebens zu beschäftigen. Man weigert sich, konstruktive Pläne für die Zukunft zu machen. Abneigung gegen harte Arbeit oder Routineaufgaben wird zum Problem. Es fehlt an Geduld und Hartnäckigkeit.

Fünf: Streß tritt beim Thema Anpassungsfähigkeit auf: Widerwillen dagegen, Veränderungen zu akzeptieren oder neue Dinge auszuprobieren. Unter Umständen werden sexuelle Bedürfnisse verdrängt. Man lehnt es ab, mit anderen auszukommen, und haßt Wettbewerbssituationen.

Sechs: Der Streß tritt im häuslichen Bereich auf. Man will keine Verantwortung übernehmen und kommt nicht mit dem Familienleben zurecht. Es fehlt an Gleichgewicht, das Leben fühlt sich unausgewogen an. Man hat Schwierigkeiten mit übermäßiger Angst.

Sieben: Der Streß tritt beim Alleinsein auf. Man fürchtet sich vor dem Alleinsein oder vor Arbeit, die man allein verrichten muß. Psychoanalyse und die Erforschung innerer Motive lösen Angst und Ablehnung aus. Spiritualität und Glaube werden in Zweifel gezogen. Man vermeidet es, durch persönliche Erfahrung zu lernen.

Acht: Streß tritt auf bei Fragen der Karriere und beim Thema Unabhängigkeit. Unter Umständen fehlt es an organisatorischen Fähigkeiten. Das Selbstvertrauen ist schwach, und man will in keiner Situation Macht ausüben müssen. Ein Gefühl der Verwirrung kann auftreten. Ehrgeiz wird als ungesund erachtet – es fehlt an der Fähigkeit, sich im Leben ein definitives Ziel zu setzen.

Namens- und Kraftzahlen

Oft stimmen Name und Natur überein.

John Clarke

Numerologen benutzen viele unterschiedliche Bezeichnungen für die Namenszahl: Ausdrucks-, Bestimmungs-, Charakterzahl und so weiter. Wir nennen sie der Einfachkeit halber die Namenszahl. Sie repräsentiert den vollständigen Namen, unter dem man Sie kennt, also den (oder die) Vornamen und den Nachnamen zusammen: Die Summe all Ihrer Buchstaben.

Die Namenszahl ist die wichtigste Zahl, die in Ihrem Namen zu finden ist, und die wichtigste Zahl, die Ihrer Kontrolle unterliegt. Sie haben Macht über sie, weil Sie sie verändern können. Viele Menschen machen das unbewußt, indem sie einen Spitznamen akzeptieren. Frauen aus westlichen Gesellschaften tun es häufig durch Heirat.

Die Namenszahl steht für das, was sie *tun* – nicht für das, was Sie *wollen* und auch nicht für das, was Sie zu tun *meinen*. Sie deckt auf, wie Sie sich in Ihren Beziehungen zu anderen Menschen verhalten. So gesehen hat sie auch einen Einfluß auf die Situationen, die Sie auf sich ziehen. Verglichen mit den Gelegenheiten, die Ihr Lebensweg mit sich bringt, ist dieser Einfluß allerdings gering. Die Zahl Ihres Lebenswegs spiegelt Ihre Gaben und Ihre Chancen wider; Ihre Namenszahl beeinflußt Ihre Taten und Ihr zwischenmenschliches Verhalten.

In der Bibel finden sich viele Hinweise auf das Thema Namen. In den Sprüchen Salomonis lesen wir: »Guter Ruf ist kostbarer als großer Reichtum.« (Kap 22, V.1., das englische Wort »name« wird mit Ruf übersetzt, A.d.Ü.) In den Büchern Samuel steht: »So wie sein Name ist, so ist er.« Und es gibt ein altes englisches Sprichwort, das sagt: »Ein guter Name behält seinen Glanz auch in der Dunkelheit.«

Für Fremde, die Sie zum ersten Mal treffen, hat Ihr Name die Funktion eines Symbols. Allein aus dem Klang und dem Aussehen der Buchstaben formt sich ein Bild von Ihnen – wie Sie aussehen, wie Sie handeln und wie Sie sind.

Der englische Schriftsteller E.F. Benson beschreibt in seinem Roman, *Secret Lives*, wie eine Frau namens Susan Leg ihren ersten Roman verkauft. Ihr Verleger bittet sie, ein Pseudonym zu benutzen: »Vielleicht fragen die Leute: ›Ist ein Name denn so wichtig?‹ und meine Antwort lautet: ›Und wie, wenn es der richtige Name ist.‹« Susan findet ihren Namen und den Titel des Buchs in einem Traum. Sie erwacht » ... mit einem Triumphschrei: ›*Die Äpfel von Sodom* von Rudolph da Vinci!‹« Klang und Aussehen von Worten können ein lebendiges Bild vermitteln.

Aus dem Blickwinkel der Numerologie ist es wichtig, den richtigen Namen zu haben. Es gibt die alte Überzeugung, daß zwischen Worten, die die gleiche Namenszahl haben, eine Verbindung besteht. Ein Beispiel: Die englischen Worte »God« (Gott), »majestic« (majestätisch), »eminent« (bedeutend, hervorragend), »grand« (großartig, gewaltig), »zeal« (Begeisterung, Hingabe), »smart« (klug, gewandt), »success« (Erfolg), »influence« (Einfluß) und »renown« (Ruhm, Ruf) haben alle die Namenszahl Acht. Worte, deren Namenszahl sich mit der Ihren deckt, stehen in irgendeiner Beziehung zu Ihnen. Dieser wenig erforschte Bereich der Wort-Analyse ist von den Autoren Shirley Blackwell Lawrence, William Eisen und Henrietta Bernstein untersucht worden. Wenn Sie eine gute Namenszahl haben, wird Ihnen das in schwierigen Phasen Ihres

Lebens weiterhelfen. (Diese Phasen bzw. Ereignisse werden wir ab Seite 126 näher betrachten).

Ihre Namenszahl ist die mit Hilfe der Quersummenbildung errechnete Gesamtzahl aller einzelnen Zahlen Ihres Namens oder die Summe von Vokal- und Konsonantenzahl, was auf dasselbe herauskommt. So wird sie berechnet:

$$6 \quad 6 \qquad 1 \quad 5 \quad = 18 = 1 + 8 = 9 \text{ Vokalzahl: } 9$$

COCO CHANEL

$$3 \quad 3 \qquad 3 \; 8 \quad 5 \quad 3 = 25 = 2 + 5 = 7 \text{ Konsonantenz.: } 7$$

$$\text{Namensz.: } 16 = 1 + 6 = 7$$

Die Namenszahlen

Namenszahl Eins: Seine Beziehungen zu anderen Leuten gestaltet dieser Typ in eigenständiger, anspruchsvoller und bewußter Weise. Schnell übernimmt er die Führung und fürchtet sich nicht davor, allein in neue Bereiche vorzustoßen. Solche Menschen ziehen es vor, die Dinge selbst in die Hand zu nehmen. Die Kehrseite: Sie finden es schwierig, Anweisungen zu befolgen, handeln von Zeit zu Zeit in verbissener Manier und neigen zu Ungeduld.
Beispiele: Winston Churchill und Mahatma Gandhi

Namenszahl Zwei: Menschen mit der Namenszahl Zwei haben einen freundlichen, diplomatischen und kooperativen Umgangsstil. Was sie tun, zieht Menschen an und inspiriert sie. Sie haben künstlerische Bedürfnisse und genießen es, starke Unterstützung zu bekommen. Detailarbeit ist für sie kein Problem. Geduldig wird gewartet, bis der richtige Zeitpunkt zum Handeln gekommen ist. Die Kehrseite: Sie sind entscheidungsschwach und doppelzüngig.
Beispiele: Martin Luther King und Ronald Reagan

Namenszahl Drei: Sie haben zu anderen lebhafte und vitale Beziehungen. Solche Leute verstehen es, sich auszudrükken, und benutzen Witz und Lachen, um ihre Ziele voranzutreiben. Sie handeln gruppenorientiert und suchen sozialen Kontakt. Bei ihnen dominiert das Bedürfnis, von ihrer Kreativität Gebrauch zu machen. Die Kehrseite: Sie können sich schnell langweilen und haben Probleme, angefangene Dinge zu Ende zu bringen.

Beispiele: Maggie Smith und Lauren Bacall

Namenszahl Vier: Die Beziehungen von »Vierern« zu anderen Menschen sind stabil und nicht von Emotionen geprägt. Sie gehen mit allem, was sie tun, praxisorientiert und logisch um. Bevor sie handeln, stellen sie sicher, daß ihre Pläne auch funktionieren. Vorzugsweise gehen sie alles auf konventionelle Art und Weise an, mit der Neigung, sich selbst allzuhart voranzutreiben und so »Workaholics« zu werden. Die Kehrseite: Sie neigen dazu, in einen Trott zu verfallen und langweilig und unbeweglich zu werden.

Beispiele: Margaret Thatcher und Greta Garbo

Namenszahl Fünf: Im Umgang mit anderen sind Menschen mit der Namenszahl Fünf anpassungsfähig und beweglich. Neue und abweichende Lebensstile werden von ihnen besonders gern gewählt. Einschränkungen lehnen sie ab – sie suchen immer einen Hauch von Freiheit. Sie verstehen es, sich mitzuteilen und andere zu motivieren. Meistens sind sie beliebt. Die Kehrseite: Unter Umständen wechseln sie zu oft die Richtung oder verlieren sich in der Jagd nach Vergnügungen.

Beispiele: Elvis Presley und Liza Minelli

Namenszahl Sechs: Ihr Stil ist liebevoll und harmonisch. »Sechser« fürchten sich nicht vor Verantwortung und sind hilfsbereit. Um ihre Bestleistung zu bringen, brauchen sie ein friedliches Zuhause, das ihnen den Rücken stärkt. Auch sie haben das Bedürfnis, ihrer Kreativität ein Betätigungsfeld zu verschaffen. Die Kehrseite: Sie sagen allen anderen, was sie zu tun haben, und mischen sich ohne Notwendigkeit in alle möglichen Dinge ein.

Beispiele: Brigitte Bardot und Bruce Springsteen

Namenszahl Sieben: Die Beziehungen dieser Menschen zu anderen sind von Individualismus und eigenwilligem Handeln geprägt. Der leichte und anerkannte Weg, etwas zu tun, wird von ihnen ignoriert. Persönlichkeiten mit der Sieben als Namenszahl müssen sich selbst beweisen, daß bestimmte Dinge funktionieren. Sie brauchen Zeit für sich allein zum Nachdenken und mögen keine Lehren von anderen Leuten. Die Kehrseite: Sie verfallen leicht der Tagträumerei und neigen dazu, zu warten bis alles perfekt ist, um aktiv zu werden – was zu spät sein kann.

Beispiele: Michael Jackson und Arnold Schwarzenegger

Namenszahl Acht: Im Umgang mit anderen setzen sich »Achter« Ziele, die zu erreichen sind. Ihr Stil ist effizient, kompetent und geschäftsmäßig. Ihr Handeln ist immer von Ehrgeiz geprägt, egal, ob sie den Erfolg anstreben oder nicht. Sie kümmern sich um Menschen mit weniger Glück, haben aber auch die Erwartung, daß diese Leute sich danach selbst weiterhelfen. Die Kehrseite: Sie können gierig und machthungrig werden.

Beispiele: Elizabeth Taylor und Warren Beatty

Namenszahl Neun: Im Kontakt mit Menschen sind Personen mit der Neun als Namenszahl offen, tolerant und voller Mitgefühl und Verständnis. Ohne Einsatzmöglichkeiten für ihre Kreativität geht es ihnen nicht gut. Sie ziehen es vor zu handeln, indem sie die Standpunkte anderer mit einbeziehen. Ihr Zugang zum Leben ist idealistisch. Sie reisen gern und brauchen ein weites Panorama als Hintergrund für ihr Tun. Die Kehrseite: Sie neigen dazu, unpraktisch zu sein und ihr Geld zu Fenster hinauszuwerfen.

Beispiele: Judy Garland und James Dean

Die Zahl Ihres Lebenswegs und die Namenszahl sind bedeutende Größen auf Ihrer Tafel. Decken sich diese Zahlen, dann gibt es zwischen Ihren Taten und Ihren Chancen nur geringe Spannungen. Das ist eine glückliche Konstellation. Sind beide Zahlen ungerade beziehungsweise gerade, dann ist das Verhältnis immer noch harmonisch, wenn auch nicht vollkommen. Problematisch wird die Verbindung bei einer ungeraden und einer geraden Zahl. Es kann sein, daß Sie die Gelegenheiten, die sich auf Ihrem Weg bieten, nicht immer voll ausnutzen. Sie können, wie bei Vokal- und Konsonantenzahl eine von der anderen Zahl abziehen, um den Bereich der vermuteten Spannungen aufzufinden.

Die Kraftzahlen

Wenn Sie die Zahl Ihres Lebenswegs zu Ihrer Namenszahl hinzuaddieren, erhalten Sie Ihre Kraftzahl. Sie wird manchmal auch die ultimative Zahl oder die Realitätszahl genannt. Sie übt eine subtile Wirkung auf Ihre Tafel aus, und ihr Einfluß ist im Hintergrund jederzeit spürbar. Sie steht für das, was der vereinte Effekt von Lebensweg und Name erreichen kann.

Ein Beispiel: Margaret Roberts hat eine Vier als Zahl ihres Lebenswegs und eine Neun als Namenszahl. Die Zahl ihrer Kraft ist damit die Vier. Die Fähigkeit zu harter Arbeit der Zahl ihres Lebenswegs verband sich mit dem Idealismus der Namenszahl Neun. Die Kraftzahl Vier würde ihr zu konstruktiven, praktischen Erfolgen verhelfen, auch wenn die Streßzahl Fünf auf Schwierigkeiten mit den Bereichen Freiheit und Kommunikation und ein Mißtrauen gegenüber allem Neuen hinweist.

Als Margaret Roberts heiratete und zu Margaret Thatcher wurde, verwandelte sich ihre Namenszahl in eine Vier. Lebenswegs- und Namenszahl waren jetzt identisch: kaum Spannung zwischen ihren zukünftigen Taten und ihren natürlichen Gaben. Eine hervorragende Kombination. Ihre neue Kraftzahl wurde die Acht, die natürliche Zahl für mächtige Wirtschafts- und Politgrößen. Das soll nicht heißen, daß sie als Margaret Roberts nicht auch eine machtvolle politische Figur hätte werden können, aber der Namenswechsel zu Thatcher hat den Aufstieg auf dem schlüpfrigen Pfad der politischen Karriere leichter gemacht.

Die Kraftzahl zeigt Ihnen den Bereich, in dem Sie durch den kombinierten Effekt Ihrer Namens- und Ihrer Lebenswegszahl am *leichtesten* vorankommen.

Die Zahl des Lebenswegs von Pablo Picasso war die Acht, seine Namenszahl die Zwei: $8 + 2 = 10 = 1 + 0 = 1$. Die Kraftzahl Picassos war also die Eins. Picasso hatte einen starken, wenn auch keinen leichten Lebensweg, und sein Name stand unter der Zahl Zwei. Die Zwei sorgte dafür, daß er sich eine Partnerin suchte, und verstärkte die Dimension seines künstlerischen Ausdrucks. Seine Kraftzahl, die Eins, half ihm, eine schöpferisch eigenständige Position zu finden.

Wenn eine Disharmonie zwischen der Lebenswegszahl und der Namenszahl besteht, wird die Kraftzahl häufig abgelehnt.

Die Bedeutung der Kraftzahlen
Eins: Beeinflußt das Leben auf den Gebieten Originalität, Entschlossenheit und couragierter Ehrgeiz. Leistungen liegen im Bereich Führung, Originalität, Erfindung.

Zwei: Beeinflußt das Leben durch die Fähigkeit, gut mit anderen zusammenzuarbeiten und taktvoll und diplomatisch zu sein. Die Erfolge sind die des inspirierten Künstlers, des wahren Freundes und des Friedensstifters.

Drei: Beeinflußt das Leben durch ein Talent zum Selbstausdruck und die Fähigkeit, anderen Glücklichkeit, Freude und Lachen zu schenken. Der Erfolg ist der des schöpferischen Menschen, des Unterhalters, des Menschen, der andere zum Lachen bringt.

Vier: Beeinflußt das Leben durch die Fähigkeit, ein sicheres Umfeld zu schaffen, praktische Vorgehensweisen nutzen und Fundamente legen zu können. Der Erfolg ist das Resultat eines stetigen Fortschritts. Dies ist der Baumeister, der Mensch, auf den man sich verlassen kann.

Fünf: Beeinflußt das Leben durch Kommunikation, mühelosen Umgang mit anderen und die Suche nach Freiheit und Fortschritt. Erfolge erreichen diese Menschen als populäre, vielseitig interessierte Personen und als naturbegabte Verkäufer.

Sechs: Beeinflußt das Leben durch die Übernahme von Verantwortung, die Nutzung kreativer Potentiale und durch eine harmonisierende Wirkung auf andere. Erfolge erzielen diese Menschen als Lehrer und Künstler und indem sie andere Menschen schützen.

Sieben: Beeinflußt das Leben durch die Fähigkeit, die Einsamkeit konstruktiv zu nutzen, intuitiv zu handeln und inneres Wachstum zu suchen. Diese Persönlichkeiten finden leicht Zugang zu einem spirituellen Bewußtsein, zu einer philosophischen Weltanschauung und zum Wissen um ihre Individualität.

Acht: Beeinflußt das Leben durch die Ausstrahlung von Kraft und durch effizientes, geduldiges Hinarbeiten auf materielle Erfolge. Erfolge erzielen Menschen mit der Kraftzahl Acht als Verwalter, auf humanistischem und auf materiellem Gebiet.

Neun: Beeinflußt das Leben durch die Fähigkeit zu verstehen, offen zu sein und Taten des Mitleids einen hohen Stellenwert einzuräumen. Der Erfolg dieser Menschen ist der des dramatischen Künstlers: unbegrenzte Erfüllung und Unabhängigkeit.

Die Zahl des Vornamens

Vielleicht wollen Sie jeden Ihrer Namen für sich untersuchen. Das ist ratsam. Ihr gesamter Name, der sich in Ihrer Namenszahl manifestiert, bleibt die wichtigste Zahl, gefolgt von Ihrer Vokal- und Ihrer Konsonantenzahl. Ihr Vorname übt jedoch auf Ihr persönliches Leben einen besonderen Einfluß aus.

Die Zahl des Vornamens wird manchmal Schlüsselzahl, manchmal auch Kernzahl genannt. Sie finden sie, indem Sie sämtliche Buchstaben Ihres Vornamens zusammenzählen und dabei die Quersummenbildung anwenden. Die sich daraus ergebende Zahl steht in Wechselwirkung mit der Geburtstagszahl. Egal wie Ihre Geburtstagszahl aussieht, es ist besser, eine davon abweichende Vornamenszahl zu haben. Andernfalls besteht das Risiko, daß die Eigenschaften der Geburtstagszahl auf Kosten Ihres Lebenswegs verstärkt werden.

Sollten bei Ihnen Lebensweg und Geburtstagszahl übereinstimmen, wäre es immer noch besser, eine davon abweichende Vornamenszahl zu haben. Traditionellerweise wird die Vornamenszahl als der »Schlüssel« betrachtet, der die

Tür zum Leben aufschließt. Wenn die Geburtstagszahl –
das »Schloß« – die gleiche Zahl ist, werden Sie diese Tür
nicht allein öffnen können, sondern die Hilfe anderer dazu
benötigen.

Es ist ein Teil der Tradition, die Zahlen den vier Elemen-
ten zuzuordnen. Manche Numerologen halten es für besser, wenn die Geburtstagszahl und die Vornamenszahl
nicht derselben Gruppe angehören. Die Gruppen sehen so
aus:

Feuer:	1 3 9	Luft:	5 6
Erde:	4 6 8	Wasser:	2 7

Die Sechs gehört zwei Gruppen an. Die Eigenschaften Ihres Vornamens lernen Sie kennen, wenn Sie sich erneut den
Namenszahlen in diesem Kapitel widmen (Seite 83 – 86).
Sie können die Zahl Ihres Vornamens in gleicher Weise untersuchen, wie wir es bei dem gesamten Namen getan haben, allerdings auf einem persönlicheren Niveau. Ihr Familienname repräsentiert in der Regel die ererbten Einflüsse
Ihrer Familie. Für Menschen von heute ist der Vorname
von größerer Bedeutung.

DAS ALPHABET

Ich denke oft darüber nach, um wieviel leichter mein Leben gewesen wäre und wieviel Zeit ich gespart hätte, hätte ich nur das Alphabet beherrscht.

W. Somerset Maugham

Der erste Buchstabe eines Wortes dominiert alle folgenden. Nehmen wir als Beispiel die englischen Worte: *action, assert, autocrat, achieve, ambition* (Aktion, durchsetzen, Autokrat, erreichen, Ehrgeiz) oder: *royal, reign, renown, radiant, rich* (königlich, Regierung, Ruf, strahlend, reich). Der erste Buchstabe Ihres Namens hat einen ähnlichen Effekt. Wenn er ausgesprochen wird, gibt er allen ihm folgenden Buchstaben eine eigenen Färbung. Oft wird er als Eckstein bezeichnet. Der Einfachheit halber nennen wir ihn den Anfangsbuchstaben.

Er steht für Ihre Einstellung zu materiellen Dingen und Ihre *gedankliche* Reaktion auf die Welt, die Sie umgibt. Nicht immer wird ihm Beachtung geschenkt oder ihm gemäß gehandelt, und doch beeinflußt er Ihre Namens- und Ihre Vornamenszahl in subtiler Weise.

Der erste Vokal Ihres Namens (inklusive Y) spiegelt den Stil Ihrer spontanen, unmittelbaren Gefühlsreaktionen wider. Manche glauben, daß in seinem Klang ein Echo der Seele des betreffenden Wortes oder Namens widerhallt. Wenn Ihr erster Vokal gleichzeitig Ihr erster Buchstabe ist, fällt es Ihnen unter Umständen schwer, Entscheidungen zu treffen. Es kann sein, daß Ihre emotionellen und Ihre verstandesmäßigen Reaktionen durcheinandergeraten.

Alle Vokale Ihres Namens haben Einfluß auf Ihre Gefühle und Ihre Bedürfnisse. Die Konsonanten beeinflussen Ihr materielles Denken und damit auch die Wahl Ihres äußeren Erscheinungsbildes. Ihr Anfangsbuchstabe ist der wichtigste Ihrer Buchstaben.

Der Endbuchstabe (manchmal auch der »Grundstein« genannt) hat einen Effekt darauf, wie Sie Ihre Angelegenheiten abschließen; der mittlere Buchstabe (manchmal auch Schlußstein genannt – ihn gibt es nur in Namen mit ungerader Buchstabenzahl) beleuchtet möglicherweise auftretende Zwänge oder Unausgeglichenheiten im Fluß Ihrer Energie. Ihren mittleren und Ihren Endbuchstaben sollten Sie sich lediglich merken, sie sind nicht so wichtig wie Ihr Anfangsbuchstabe und Ihr erster Vokal. Ein Beispiel:

$$\overset{5}{\text{C H E R}} \\ \text{\small 3 \quad 8 \quad 9}$$

Der Anfangsbuchstabe ist das C (Drei). Er zeigt, daß die erste gedankliche Reaktion schöpferisch und heiter ist und die Dinge nicht allzu ernst nimmt. Der erste Vokal ist das E (Fünf). Das heißt, die erste emotionelle Reaktion ist, sich mit anderen auszutauschen, die Dinge zu verändern und, wenn möglich, Einschränkungen abzuschütteln. Der Endbuchstabe ist R (Neun). Letztendlich werden die Dinge mit Verantwortung, aber auch mit Kraft abgewickelt. Einen mittleren Buchstaben gibt es nicht. Achten Sie darauf, wie diese drei Buchstaben miteinander harmonieren – sie sind alle ungerade. Diese Buchstaben sollten neben der Vokal-, der Konsonanten- und der Namenszahl in Betracht gezogen werden. In diesem Fall haben wir eine harmonische Mischung.

Das Alphabet

A (Eins), ein Verstandesbuchstabe

Das A ist ein anspruchsvoller und aggressiver Buchstabe, der die Welt mit seiner Sicht der Dinge konfrontiert. Das läßt sich an seiner nach oben drängenden Form zeigen. Ein Anführer, mit originellen Ideen, hinter denen ehrgeizige Pläne stecken. Dieser Buchstabe strahlt Zuversicht aus. Er hat ein hitziges Temperament und handelt lieber, als still sitzen zu bleiben.

Als erster Buchstabe fördert er Führungsqualitäten.

Als erster Vokal verhält er sich anspruchsvoll in Gefühlsdingen. Er mag keine Interventionen und akzeptiert keine Ratschläge.

B (Zwei), ein Gefühlsbuchstabe

Das B ist introvertiert – zwei Teile des Buchstabens sind in sich geschlossen, was auf zeitweilige Scheu hinweist. Dieser Buchstabe arbeitet in Partnerschaften und Teams gut mit anderen zusammen. Er ist sensibel, und es liegt ihm mehr, Bestehendes zu verbessern als Neues in Gang zu bringen. Er fördert den Ausdruck von Musikalität und ist begabt für den Umgang mit Einzelheiten. Unter Umständen braucht er Motivation von außen.

Als erster Buchstabe fördert er Kooperation.

C (Drei), ein Intuitionsbuchstabe

Das C weiß sich auszudrücken, ist extravertiert und gruppenorientiert (beachten Sie, daß es nach einer Seite hin geöffnet ist). Es schenkt anderen Aufmerksamkeit und bekommt sie auch zurück. Ein schöpferischer Buchstabe mit einer gewissen Unrast, der leicht aus dem Gleichgewicht gerät. Das C kann gut mit oder vor Publikum arbeiten, es ist liebevoll und muß Liebe geben.

Als erster Buchstabe fördert es Kreativität.

D (Vier), ein Körperbuchstabe

Das D bringt Praxisbezogenheit, Geduld und Effizienz in ein Leben. Es arbeitet lange und hart für seine Ziele. Vor Festgefahrenheit muß es sich hüten (siehe seine geschlossene Form). Das D fördert orthodoxes Denken, hat die Fähigkeit, funktionierende Pläne zu machen, und gibt dem Leben einen Geschmack von Pragmatismus.

Als erster Buchstabe fördert es den Sinn für Praxis.

E (Fünf), ein Körperbuchstabe

Das ruhelose und reiselustige E fördert eine wendige und anpassungsfähige Art, mit den Dingen umzugehen. Es ist freiheitsliebend und populär. Seine nach einer Seite offene Form steht für seine kommunikativen Fähigkeiten. Doch seine Linien sind geradeheraus, wie sein Stil der Kontaktaufnahme. Das E ist temperamentvoll und überschäumend; es redet nicht um den heißen Brei herum.

Als erster Buchstabe fördert es die Kommunikation.

Als erster Vokal spiegelt es rasche emotionelle Reaktionen wieder. Ist das Leben langweilig, werden die Pferde gewechselt.

F (Sechs), ein Intuitionsbuchstabe

Das F bringt ein Bedürfnis nach Harmonie und Gleichgewicht ins Leben. So sicher wie es wirkt, ist es nicht. Manchmal geht es praktischen Fragen aus dem Weg. Es ist freundlich und kreativ – oft auch mit der Stimme – und es ist verantwortungsbewußt. Eines seiner Grundbedürfnisse ist künstlerische Erfüllung. Die darstellenden Künste ziehen das F an.

Als erster Buchstabe fördert es Spaß und Freundschaft.

G (Sieben), ein Verstandesbuchstabe

Das G kann Kontakt aufnehmen oder sich zurückziehen. Oft bevorzugt es die zweite Möglichkeit. Es ist ein rätselhafter Buchstabe mit einem schöpferischen Potential. Für das, woran das G glaubt, arbeitet es hart. Es unterstützt den spirituellen Bereich und kann sehr eigensinnig sein.

Als erster Buchstabe fördert es Selbstvertrauen.

H (Acht), ein Verstandesbuchstabe

Das H hat Macht im Bereich des Materiellen. Betrachten Sie seine Form: Es genießt den Aufstieg auf der Erfolgsleiter. An seinen Zielen arbeitet es methodisch und ausgestattet mit einer Nase fürs Finanzielle. Es ist unabhängig, hat aber eine große Sehnsucht nach sozialem Erfolg. Das H ist offen für Neues und sensibel für spirituelle Bedürfnisse.

Als erster Buchstabe fördert es finanzielle Fähigkeiten.

I (Neun), ein Gefühlsbuchstabe

Gefühlsbetont und unabhängig: Das I weiß, was es will, und mag keinen Fremdeinfluß. Es ist idealistisch mit wenig Bezug zur Praxis und hat eine romantische Einstellung zum Leben. Hier findet man eine überzogene dramatische Ader, Empfänglichkeit und Sensibilität. Das I unterstützt die Entwicklung humanitärer Instinkte.

Als erster Buchstabe fördert es Idealismus.

Als erster Vokal reagiert es romantisch, idealistisch und unpraktisch.

J (Zehn/Eins), ein Verstandesbuchstabe

Das J weist Führungsqualitäten auf. Doch es ist seiner Sache nicht so sicher, wie es auf den ersten Blick aussieht, und kann von Zeit zu Zeit Unterstützung gebrauchen. Schauen Sie seinen abgerundeten Fuß an: Es kann nach links und rechts schwanken. Seine Kennzeichen sind ein starkes Gefühl für das Selbst und ein eindeutiger Hang zur Aktion statt zur Passivität. Wenn das J mit Bedacht vorgeht, kann es seine Ziele erreichen, aber es kann unachtsam sein.

Als erster Buchstabe fördert es die Urteilskraft.

K (Elf/Zwei), ein Intuitionsbuchstabe

Ein Name mit diesem Buchstaben erhält durch ihn Inspiration, die auch das Denken beeinflußt, und die Fähigkeit, andere zu inspirieren. Das K kann kooperativ sein, aber sein Idealismus ist ihm gelegentlich dabei im Weg. Mit dem Zweitbesten wird es sich nicht zufrieden geben. Manchmals verbreitet das K eine Atmosphäre der Nervosität.

Als erster Buchstabe fördert es die Inspiration.

L (Zwölf/Drei), ein Verstandesbuchstabe

Magnetische Anziehungskraft: Das L ist ein Buchstabe voller Liebe und Expressivität, der die Aufmerksamkeit des Publikums auf sich zieht. Seine Einstellung ist nicht besonders ernsthaft; es bevorzugt die leichten Seiten des Lebens. Werden seine Pläne durchkreuzt, wird es kritisch. Es ist gesetzter und sicherer, als man annimmt, und fähig, Pläne zu machen und durchzuführen. In Gesellschaft fühlt das L sich wohl.

Als erster Buchstabe fördert es Geselligkeit.

M (Dreizehn/Vier), ein Körperbuchstabe

Das M kann äußerst praktisch sein, sehnt sich aber nach Liebe und Anregung. Es verstärkt vielfaches Auf und Ab im Leben. Dieser Buchstabe kann launisch sein, hat aber einen starken Willen, der dennoch bereit ist, Kompromisse zu schließen, bevor er alles verliert. Außerdem ist er konservativ und dem Herkömmlichen verpflichtet. Gute Konzentrationsfähigkeit gehört zu seinen Stärken.

Als erster Buchstabe fördert das M Integrität.

N (Vierzehn/Fünf), ein Verstandesbuchstabe

Das N genießt ein abwechslungsreiches Leben, in dem das Vergnügen keine geringe Rolle spielt. Menschen mit diesem Buchstaben sind sinnlich, gern mit anderen zusammen, und manchmal können sie sich an sozialen Ereignissen geradezu berauschen. Das N verhilft zu öffentlicher Anerkennung. Mit Selbsdisziplin kann es seine Ziele erreichen, doch es neigt dazu, seine Fehler mehrmals zu machen.

Als erster Buchstabe fördert es Popularität.

O (Fünfzehn/Sechs), ein Gefühlsbuchstabe

Das O symbolisiert den magischen Kreis. Es ist in sich geschlossen, lernbegierig und kann festhalten, was es hat. Ein guter Buchstabe für Finanzdinge, mit starker Willenskraft und Selbstdisziplin. So wie die Sonne (seine Form!) zieht es die Aufmerksamkeit auf sich. Mit häuslichen Veränderungen kommt es mühelos zurecht.

Als erster Buchstabe fördert es wissenschaftliche Tätigkeit.

Als erster Vokal steht es für verantwortungsbewußte Gefühlsreaktionen. Es ist sich der spirituellen Ebene im Alltagsleben bewußt, kann sich aber emotionell verschleißen.

P (Sechzehn/Sieben), ein Verstandesbuchstabe

Das P ist ein intellektuell intensiver Buchstabe, der tiefgründige Gedanken über viele Lebensaspekte fördert. Um ihn herum können sich Überraschungen ereignen – Bedingungen wandeln sich oder werden ohne Vorwarnung über den Haufen geworfen. Das P verstärkt das Interesse an Religion, Metaphysik und Okkultismus. Es haßt Intervention von außen.

Als erster Buchstabe fördert es Selbsterkenntnis.

Q (Siebzehn/Acht), ein Intuitionsbuchstabe

Das ist ein unüblicher Buchstabe, der einem Namen einen Schuß Exzentrizität verleiht: finanziell clever, mit einem besonderen und charakteristischen Lebensstil. Das Q steigert die körperliche Tüchtigkeit. Von Zeit zu Zeit unterlaufen ihm Fehlurteile, aber es bleibt ein guter Buchstabe für jeden, der im Geschäftsleben steht.

Als erster Buchstabe fördert es unorthodoxes Denken und Handeln.

R (Achtzehn/Neun), ein Gefühlsbuchstabe

Ein Machtbuchstabe. Das R steht für humanitären Instinkt und das Bedürfnis nach Aktion und Verbesserung. In der Vergangenheit hatte es den Namen »der grollende Buchstabe«: voller Selbstvertrauen, mit materialistischen wie ideellen Bedürfnissen. Es fördert schöpferisches Wagnis. Es kann andere unterstützen, wird dabei aber unter Umständen ausgenutzt, ohne es zu merken.

Als erster Buchstabe fördert es Entschlossenheit.

S (Neunzehn/Eins), Ein Gefühlsbuchstabe

Schon seine Form sagt es: viel Erfolg – viel Scheitern, viele Wendungen und Drehungen. Das S braucht Erfolg und soziales Ansehen. In jedem Namen stärkt es den Ehrgeiz. Manchmal fehlt es ihm an Sicherheit, und es dreht sich zu sehr um sich selbst. Es ist zwar in der Lage, Führungsaufgaben zu übernehmen, zieht es aber häufig vor, es nicht zu tun. Ein kraftvoller und schlauer Buchstabe.

Als erster Buchstabe fördert es Ehrgeiz.

T (Zwanzig/Zwei), ein Gefühlsbuchstabe

Das ist der Buchstabe der Märtyrer (beachten Sie seine kreuzähnliche Form). Das T ist liebevoll, hat Takt und möchte freundlich sein. Namen bekommen durch diesen Buchstaben eine gewisse nervöse Komponente. In Wettbewerbssituationen fühlt sich das T nicht immer wohl, und es folgt lieber, als zu führen. In ihm steckt die Fähigkeit, ein Lehrer zu sein, und wenn es Zuwendung bekommt, blüht es auf.

Als erster Buchstabe fördert es Vertrauen.

U (Einundzwanzig/Drei), ein Intuitionsbuchstabe
Das U ist ein fröhlicher und geselliger Buchstabe, bereit, aus sich herauszugehen, aber leicht aus dem Gleichgewicht zu bringen – seine Form ist nach oben geöffnet mit einem Fuß, der ins Schwanken kommen kann. Menschlicher Konktakt läßt es gedeihen. Das U zieht Wohlstand an, kann ihn aber durch Sorglosigkeit wieder verlieren. Ein glücklicher, zuweilen entscheidungsschwacher Buchstabe.
Als erster Buchstabe fördert es Geselligkeit.
Als erster Vokal steht es für liebevolle und leidenschaftliche Gefühlsreaktionen, die gelegentlich ins Melodramatische entarten.

V (Zweiundzwanzig/Vier), ein Intuitionsbuchstabe
Mit der mächtigste Buchstabe des Alphabets. Es trägt dazu bei, weitreichende Veränderungen Wirklichkeit werden zu lassen und strukturiert das Leben durch die Schaffung dynamischer, wirksamer Pläne. Es gibt Zeiten, in denen es von nervösen Spannungen überwältigt wird. Das V kann rücksichtslos sein.
Als erster Buchstabe fördert es Leistung.

W (Dreiundzwanzig/Fünf), ein Körperbuchstabe
Seine Form erinnert an die Wellen des Meeres. Das W führt ein Leben voller Höhen und Tiefen. Ein schwindelerregend vielfältiger Lebensstil. Alles findet sich im W – Kommunikation, Anpassungsfähigkeit und Wendigkeit. Das Leben wird in vollen Zügen genossen, Vergnügen und Abwechslung sind so nötig wie die Arbeit. Ein Buchstabe, der sich nur schwer festnageln läßt, aber immer beliebt ist.
Als erster Buchstabe fördert er Wendigkeit.

X (Vierundzwanzig/Sechs), ein Gefühlsbuchstabe
Wie die meisten Buchstaben am Schluß des Alphabets ein Buchstabe mit Hochspannung. In Namen taucht es nicht

oft auf. Es verstärkt Sinnlichkeit und öffentliche Anerkennung, kann aber auch als Symbol für das Opfer eines Menschen um einer Sache oder eines Glaubens willen stehen. Unter seiner glamourösen Oberfläche achtet es scharf auf jede Einzelheit. Das X braucht einen gesetzteren Lebensstil, als man auf den ersten Blick vermuten würde.

Als erster Buchstabe fördert es die persönliche Anziehungskraft.

Y (Fünfzundzwanzig/Sieben), ein Intuitionsbuchstabe
Dieser Buchstabe muß sich mit vielfältigen Wahlmöglichkeiten auseinandersetzen – er gleicht, wie man sieht, einer Weggabelung. Aus seiner spirituellen Inspiration heraus findet er es schwierig, sich ganz einer einzigen Sache zu verschreiben. Er unterstützt intellektuelle und selbständige Arbeit. Übersinnliche und intuitive Fähigkeiten werden durch das Y vertieft, Entscheidungsschwäche allerdings auch.

Als erster Buchstabe fördert es die Wahrnehmung.

Als erster Vokal ist es unentschieden in Gefühlsdingen, besitzt aber eine kraftvolle Intuition, die erfolgreich genutzt werden kann.

Z (Sechsundzwanzig/Acht), ein Gefühlsbuchstabe
Von seiner Gestalt her wird es oft mit der gezackten Silhouette eines Blitzes verglichen. Dieser Buchstabe verstärkt Anerkennung und Ruhm. In ihm steckt Macht, der Hang zum Luxus – und unter Umständen ein Interesse für Metaphysik und Okkultismus. Wichtig ist weiterhin ein gemütliches Familienleben. Das Z ist ein unkonventioneller, aber finanziell günstiger Buchstabe

Als erster Buchstabe fördert er Macht.

Starter, Verbesserer, Vollender

Die Buchstaben lassen sich in drei Gruppen einteilen: die Starter, die Verbesserer und die Vollender. Das macht uns weitere Informationen zugänglich. Prüfen Sie nach, zu welcher Gruppe die Mehrheit Ihrer Buchstaben gehört.

Die Starter: A E I K O R Z. Diese Buchstaben fördern die Fähigkeit, Projekte ins Leben zu rufen und Dinge in Gang zu bringen. Sie sind sozusagen »Selbstzünder«.

Die Verbesserer: B F H J N P Q S T U W X Y. Diese Buchstaben verstärken die Fähigkeit Projekte fortzuführen – sie bringen Ideen weiter, die schon »laufen«. Sie verbessern das Begonnene. Manchmal können sie unentschlossen sein.

Die Vollender: C D G L M V. Diese Buchstaben unterstützen den Abschluß von Unternehmungen. Sie sind konstruktiv und beenden, was sie begonnen haben.

Ein Beispiel: Der Name John (als Vorname) beginnt zwar mit J (Eins), ist aber kein besonders starker Name für den Anfang eines Unternehmens – weder von seinen Buchstaben noch von seinen abschließenden Zahlen her. Das ist mehr ein Name eines Verbesserers. Sein Führungspotential hängt von den nachfolgenden Namen ab.

Buchstaben sind weder gut noch schlecht. Jeder Buchstabe ist anders und beeinflußt die Menschen in eine andere Richtung.

Die intensiven Zahlen und die Namenstafel

Mit unseren Leidenschaften ist es wie mit Feuer und Wasser.
Sie sind gute Diener, aber schlechte Herren.

Roger L'Estrange

Eine Zahl, die in einem Namen häufiger auftritt als alle anderen, nennt man intensive Zahl. Sie spiegelt einen verborgenen Wunsch oder eine geheime Sehnsucht wider. Manchmal wird sie die Zahl der herrschenden oder der geheimen Leidenschaft genannt. Wenn es sich um eine dominante Zahl handelt, kann sie die Eigenschaften der Namens-, der Vokal- und der Konsonantenzahl beeinflussen. Als Beispiel der Name eines Hollywoodstars:

$$\begin{array}{cc} 1\,5 & 5 \\ \text{MAE} & \text{WEST} \\ 4 & 5 \quad 12 \end{array}$$

Die Fünf wiederholt sich öfter als jede andere Zahl. Mae West hatte also die intensive Zahl Fünf. Namens-, Vokal-, und Konsonantenzahl bleiben die bedeutendsten Zahlen, aber die intensive Zahl gibt uns zusätzliche Informationen. Mae West war für ihre geistreichen Bemerkungen bekannt – besonders zum Thema Sex. Die Fünf ist als die Zahl der sexuellen Anziehungskraft bekannt. Fünf war auch ihre Namenszahl, die von der intensiven Zahl noch weiter gestärkt wurde.

Eine intensive Zahl in Ihrem Namen kann eine starke Wirkung entfalten. Bei zwei Zahlen ist die Wirkung schon schwächer. Bei drei oder mehr intensiven Zahlen streut der Effekt und muß nicht mehr gesondert berücksichtigt werden. Gibt es keine intensive Zahl, so heißt das, daß die Zahlen Ihres Namens gut ausbalanciert sind.

Die intensiven Zahlen

Die *Eins* intensiviert die Selbstwahrnehmung. Ein starker Wille ist vorhanden, und der Name fördert Geltungsdrang, Originalität und Selbstvertrauen. Die Namenszahl bekommt dadurch eine Färbung von Führungsqualität und Initiative.

Die *Zwei* intensiviert ein Gefühl der Verbundenheit mit anderen Menschen. Verstärkt werden Takt, Diplomatie und Kooperation. Die Namenszahl wird eher von der Bereitschaft zu folgen als von der Fähigkeit zu führen geprägt. Die Zwei bringt ein Gefühl für Rhythmus und eine gewisse Sensibilität ins Spiel.

Die *Drei* intensiviert eine fröhliche und glückliche Lebenseinstellung. Durch sie verstärkt sich die Kreativität und die Gabe zu unterhalten. Die Drei gibt der Namenszahl einen Anklang der Kunst, mit Menschen umzugehen und in Gruppen gut zurechtzukommen.

Die *Vier* intensiviert eine praktische und im Einklang mit herrschenden Meinungen stehende Lebensweise sowie die Fähigkeit zur Kleinarbeit und die Geduld, angefangene Dinge zu Ende zu bringen. Die Namenszahl erhält so eine Schattierung von entschlossener Arbeitseinstellung und einem gewissen Grad an Arbeitssucht.

Die *Fünf* intensiviert die Sehnsucht nach Freiheit und Veränderung. Durch sie kommen Beweglichkeit, die Wahrnehmung sexueller Bedürfnisse und Anpassungsfähigkeit
an schnell wechselnde Rahmenbedingungen ins Spiel. Die
Namenszahl bekommt eine Färbung von kommunikativer
Kompetenz und der Fähigkeit, andere zu motivieren.

Die *Sechs* intensiviert Verantwortungsbewußtsein und
Gerechtigkeitssinn. Sie unterstützt schöpferische und
stimmbezogene Arbeit, allerdings auch exzessives Essen.
Die Befähigung zu unterrichten wird dadurch verstärkt.
Die Namenszahl wird von einem Sinn für Harmonie und
Gleichgewicht geprägt.

Die *Sieben* intensiviert das Bedürfnis, allein zu sein. Die
Nutzung analytischen und intuitiven Denkens wird gefördert. So ein Mensch muß seine eigenen Erfahrungen und
seine eigenen Fehler machen, weil er das Wissen anderer
nicht ohne weiteres akzeptiert. Wahrscheinlich ergeben
sich Interessen im Bereich der Metaphysik. Die Sieben umgibt die Namenszahl mit einem Anflug von Geheimnis.

Die *Acht* intensiviert die Entwicklung einer geschäfts-
mäßigen und effizienten Einstellung, einer verläßlichen
und systematischen Art. Großes finanzielles Geschick.
Unter Umständen werden körperliche Interessen, Sport
oder vergleichbare Aktivitäten verstärkt. Die Namenszahl
wird von Macht und Erfolgsdruck geprägt.

Die *Neun* verstärkt eine Haltung von Mitgefühl und Tole-
ranz. In dieser Zahl steckt eine dramatische Intensität und
eine magnetische Gefühlskraft. Menschliche Werte werden
gefördert, Reiselust, eine romantische Ader und idealistische Ansichten werden verstärkt. Eine offene Weltanschauung gibt dieser Namenszahl ihre Farbe.

Fehlende Zahlen

Jede Zahl von Eins bis Neun, die in Ihrem Namen nicht erscheint, repräsentiert eine Eigenschaft die Ihnen fehlt. Taucht die Zahl nicht an anderer Stelle auf, dann müssen Sie diese Eigenschaft bewußt entwickeln.

Numerologen, die den Namen auf der Geburtsurkunde für den entscheidenden halten, vertreten die Ansicht, daß eine fehlende Zahl mit Ihrem Karma in ursächlicher Verbindung steht. Die Zahl symbolisiert eine Lektion, die Sie in diesem Leben lernen müssen: etwas, das sie in einer früheren Inkarnation ignoriert oder mißbraucht haben. Die fehlende Zahl wird zu einer Zahl des Karmas.

Ob Sie das glauben, hängt von Ihnen ab. Auf jeden Fall symbolisiert eine Zahl, die in Ihrem Namen nicht vorkommt, etwas, das fehlt. Wenn diese Zahl nicht an einer anderen Stelle auftritt (in den Geburtszahlen, der Vokal-, der Konsonanten-, der Namens- oder der Vornamenszahl), dann müssen Sie sich um deren Entwicklung kümmern. Die Zahlen Eins und Neun sind auf den Geburtstafeln aller Kinder zu finden, die bis zum 31.12. 1999 auf die Welt kommen. Die Zahl Zwei steht auf den Tafeln aller Babies vom 1.1. 2000 an.

Der folgende (in englischsprachigen Ländern) sehr gängige Name läßt die Zahlen Drei und Sieben vermissen. Sollten sie unter seinen anderen Zahlen nicht zu finden sein, wird der betreffende Mann überdurchschnittlich hart daran arbeiten müssen, diese Eigenschaften zu kultivieren.

$$
\begin{array}{ccc|cccc}
6 & & & 9 & & & \\
J\ O\ H\ N & & & S\ M\ I\ T\ H \\
1 & 8 & 5 & 1 & 4 & 2 & 8
\end{array}
$$

Die Bedeutung fehlender Zahlen

Eins: Es fehlt an Originalität. Diese Person muß Initiative, Selbstsicherheit, Siegeswillen, Selbstvertrauen, Führungsqualitäten, Ehrgeiz, eine starke Willenskraft und Entschlossenheit entwickeln.

Zwei: Es fehlt an Sensibilität. Diese Person muß die Fähigkeit entwickeln, mit anderen zusammenzuarbeiten, in einem Team zu funktionieren, Anweisungen auszuführen sowie Freundlichkeit und ein Bewußtsein für die Bedürfnisse anderer an den Tag zu legen.

Drei: Es fehlt an Kreativität. Diese Person muß lernen, das Leben nicht so ernst zu nehmen und Lebensfreude, geselliges Benehmen, Sinn für Humor, Optimismus, Umgänglichkeit und Phantasie zu entwickeln.

Vier: Es fehlt an Geduld. Diese Person muß einen Sinn für das Praktische entwickeln. Sie muß Stabilität, Hartnäckigkeit, Aufmerksamkeit für Einzelheiten, die Fähigkeit zu langer, harter Arbeit, eine konstruktive Weltsicht und Selbstdisziplin aufbauen.

Fünf: Es fehlt an Beweglichkeit. Diese Person muß Anpassungsfähigkeit erlernen und die Bereitschaft, Neues auszuprobieren. Sie muß lernen, sich nicht vor dem Fortschritt zu fürchten, sich auszutauschen, Begeisterung zu zeigen und andere zu begeistern und wagemutiger zu werden.

Sechs: Es fehlt an Verantwortlichkeit. Diese Person muß ausgewogene Ansichten, sowie ein Bewußtsein für Schönheit, Kunst und Kreativität entwickeln. Sie muß Sinn für Humor erwerben, die Fähigkeit zur Versöhnung unterschiedlicher Aspekte des Lebens und schließlich die Fähigkeit zu lehren.

Sieben: Es fehlt an Selbstprüfung. Diese Person muß spirituelles Bewußtsein einüben und die Angst vor dem Alleinsein ablegen. Sie muß Selbstvertrauen, analytisches und intuitives Denken sowie das Lernen über Erfahrung kultivieren und innere Stärke entwickeln.

Acht: Hier fehlt der Sinn fürs Finanzielle. Diese Person muß sich in Effizienz, Verläßlichkeit und Systematik üben und sich realistische Ziele setzen. Sie muß lernen, anderen in der Not zur Seite zu stehen und selbst körperliche Leistungsfähigkeit, Unabhängigkeit und den weisen Gebrauch von Macht erwerben.

Neun: Es fehlt an Großzügigkeit. Diese Person muß Ideale, Gespür für das Humanitäre und Mitleid aufbauen. Sie muß lernen, offen und tolerant zu sein, von ihrer Kreativität Gebrauch zu machen, sich nicht vor dem Romantischen und Dramatischen zu fürchten und zu lieben, ohne eine Gegenleistung zu erwarten.

Die Namenstafel

Die Zahlen Ihres Namens können in gleicher Weise wie die Zahlen Ihres Geburtsdatums auf einer Tafel plaziert werden, der Namenstafel. Genau wie die Geburtstafel zeichnet die Namenstafel ein Bild Ihrer Stärken und Schwächen – dieses Mal auf der Basis Ihres Namens.

Die Zahlen kommen in die gleichen Felder wie auf der Geburtstafel (siehe Seite 32). Es kann interessant sein, beide Tafeln zu vergleichen. Möglicherweise ist Ihre Geburtstafel schwach und viele Zahlen fehlen (was besonders bei Menschen der Fall ist, die nach der Jahrtausendwende geboren werden – ein Hinweis darauf, daß Menschen am Anfang des neuen Jahrtausends sich bewußt entwickeln und wachsen müssen). In diesem Fall wird eine gute Namenstafel Ihnen zusätzliche Kraft geben. Das Ungleichgewicht, das durch die auf der Geburtstafel fehlenden Zahlen verursacht ist, kann durch das Auftauchen dieser Zahlen auf der Namenstafel ausgeglichen werden.

Wenn Sie eine starke Geburtstafel mit vielen Zahlen und Linien haben, kann Ihre Namenstafel, wenn sie parallele Verteilungen aufweist, für einen Überschuß an Kraft sorgen. In diesem Fall ist die Persönlichkeit zwar nicht ausgeglichen, aber möglicherweise charismatisch und stark. Es ist immer besser, wenn die auf der Geburtstafel fehlenden Zahlen auf der Namenstafel vorhanden sind. Das macht das Leben leichter.

Tennessee

2	5 5 5 5 5 5	
1 1		

Zsa Zsa

		8 8
1 1 1 1		

Die Namenstafeln für die Namen Tennessee und Zsa Zsa

Als erstes setzen Sie die Zahlen Ihres Vornamens auf die Namenstafel. Ihr Vorname ist Ihr bedeutendster individueller Name, und deshalb ist sein Effekt der durchschlagendste. In der Abbildung sehen wir die Vornamen des Schriftstellers Tennessee Williams und der Schauspielerin Zsa Zsa Gabor. Tennessee und Zsa Zsa sind Namen, die auf der Namenstafel für ungewöhnlich intensive Konstellationen sorgen.

Diese Namen fördern ganz bestimmte Eigenschaften ihrer Träger. Natürlich stellen sie keine Garantie für Berühmtheit dar, aber dennoch geht eine für jeden Menschen fühlbare Wirkung von ihnen aus. Die Schwingung der vielen Fünfer in Tennessee (sechs in einem Namen mit neun Buchstaben) unterstützen Kommunikation und Sexualität – die Stärkung aller fünf Sinne. Der Name Zsa Zsa konzentriert sich auf der Zahl Eins (viermal in einem Namen mit sechs Buchstaben). Das bedeutet Führungskraft und Originalität mit der materiellen Macht der Acht im Rücken – eine potentiell ehrgeizige Konstellation. Es ist offensichtlich, daß die anderen Zahlenkonstellationen dieser Menschen mitbetrachtet werden müssen.

Plazieren Sie nach der Analyse Ihres Vornamens Ihren Familiennamen und etwaige andere Namen auf der Tafel. Vergleichen Sie die so vervollständigte Namenstafel mit Ihrer Geburtstafel. Sind bestimmte Zahlen überrepräsentiert? Wiederholt sich eine Linie? Damit wächst die Möglichkeit, daß Ihr Name ein Übergewicht an Kraft schafft, mit dem schwer umzugehen ist.

Die folgende Abbildung zeigt die Geburtstafel und die Namenstafel des Dramatikers Eugene ONeill: Die beiden Tafeln ergänzen sich. Wenn man sie verbindet, dann fehlen nur die Zwei und die Vier. Das ist ein kraftvoller Name, der ein gutes Gegengewicht zu den Geburtszahlen schafft.

Geburtstafel: 16. 10. 1888			Namenstafel: Eugene O'Neill		
	6		3 3 3	6	9
		8 8 8		5 5 5 5 5 5	
1 1 1					7

Geburts- und Namenstafel Eugene O'Neills

Vergessen Sie nicht, daß der Name für einen äußeren Einfluß steht und daher nie so machtvoll sein kann wie die Zahl Ihres Lebenswegs und Ihres Geburtstags.

Die Zahl der verborgenen Eigenschaft

Die Zahl der verborgenen Eigenschaft ist eine weniger bedeutende Zahl. Sie wird manchmal Gewohnheitszahl oder Zahl der Herausforderung der Gewohnheit genannt. Sie werden um diese verborgene Stärke wissen, aber nur gelegentlich von ihr Gebrauch machen. Sie wird besonders dann benutzt, wenn schwer zu lösende Probleme anstehen.

Die Zahl der verborgenen Eigenschaft finden Sie, indem sie alle Buchstaben in Ihrem vollständigen Namen zusammenzählen, aber nicht die *Zahlenwerte*, sondern einfach die *Anzahl* ermitteln. Wie immer wird die Quersummenbildung benutzt.

Beispiel: George Bushs Name besteht aus zehn Buchstaben. $10 = 1 + 0 = 1$. Seine verborgene Eigenschaft ist die Eins. Golda Meir hat neun Buchstaben, also entsprach ihre verborgene Eigenschaft der Neun.

Eins: Hier stößt man auf eine eigenwillige Haltung, die andere überraschen wird. Entschlossenheit, die Initiative zu übernehmen, erzeugt rasche Resultate.

Zwei: Die Fähigkeit, anderen die Führung zu überlassen und falls nötig, Befehlen zu gehorchen. Zusammenarbeit kann Erfolge zeitigen, diplomatisches Geschick wird sichtbar.

Drei: Bei unlösbar scheinenden Problemen werden Phantasie und Kreativität eingesetzt. Künstlerisch inspirierte Vorgehensweise. Schwierigkeiten werden nicht immer ernst genommen.

Vier: Logisches Herangehen an realistische Ziele und die Anwendung detaillierter Analyse. Praktische und im Einklang mit gängigen Ansichten stehende Lösungen werden bevorzugt. Emotional distanziertes Verhalten.

Fünf: Die Fähigkeit, Veränderungen zu akzeptieren und neue, unerprobte Lösungen erfolgreich durchzuführen. Risikobereitschaft, Schnelligkeit und Wendigkeit sind vorhanden.

Sechs: Es werden verantwortliche Entscheidungen getroffen, die allen Beteiligten Rechnung tragen. Die Wirkung auf das Familienleben wird miteinbezogen. Ein sympathischer Stil.

Sieben: Die Lösungen kommen von innen heraus. Ratschläge werden nicht akzeptiert. So ein Mensch handelt nicht, bevor alle Bedingungen perfekt sind. Eine meditative Art, mit den Dingen umzugehen.

Acht: Die eigene Effizienz wird rücksichtslos genutzt. Definitive Ergebnisse werden als Ziel jeder Aufgabenstellung gesehen. »Langsam aber stetig« ist die bevorzugte Devise.

Neun: Hier wird ein weiter Blickwinkel gewählt. Großzügigkeit erstreckt sich auch auf andere, und die Vorgehensweise ist idealistisch. Stößt diese Person auf Widerstand, ist sie zu unerwarteten und dramatischen Reaktionen fähig.

Die Temperamentstafel und die Wahl eines Namens

Nein, Groucho ist nicht mein wirklicher Name. Ich dressiere ihn für einen Freund.

Groucho Marx

Die Buchstaben Ihres Namens beeinflussen die Art und Weise, wie Sie Ihre Pläne verwirklichen. Zwei Menschen können die gleiche Namenszahl haben, die Buchstaben jedoch, die sich hinter dieser Zahl verbergen, spiegeln das Mittel des Ausdrucks wider, das sie bevorzugt benutzen: den Verstand, den Körper, die Emotion oder die Intuition. Um das herauszufinden, benutzen wir die Temperamentstafel. Manche Numerologen bevorzugen den Begriff »Ausdrucksplan«.

Wir Menschen agieren in vier unterschiedlichen Stilen. Manche Personen denken sich Dinge aus, kalkulieren die Chancen und wägen im Geist alles ab, bevor sie handeln. Andere tun alles aus dem Instinkt heraus. Wieder andere hören auf ihr Herz oder ihre Gefühle, und eine weitere Gruppe favorisiert eine aktive und praxisbezogene Herangehensweise. Die Temperamentstafel zeigt Ihnen, welchen Einfluß Ihr Name auf Ihren Reaktionsstil hat. Die folgende Abbildung zeigt, an welcher Stelle die einzelnen Buchstaben des Alphabets einzuordnen sind.

	Verstand	Körper	Emotion	Intuition
Starter	A	E	I O R Z	K
Verbesserer	H J N P	W	B S T X	F Q U Y
Vollender	G L	D M		C V

Die Temperamentstafel

Die Verstandesbuchstaben signalisieren einen intellektuellen Stil. Entscheidungen werden kühl und ruhig getroffen. So ein Mensch fällt keine überstürzten, instinktiven oder emotionalen Urteile. Bedauerlicherweise macht es Sie nicht zu einem Genie, wenn sich die Mehrheit Ihrer Buchstaben in diesem Bereich befindet – aber Sie werden die Dinge immer durchdenken, bevor Sie handeln.

Die Körperbuchstaben zeigen, daß die Bedürfnisse mehr in Richtung Aktion als in Richtung »Sitzen und Nachdenken« gehen. Eine Häufung der Buchstaben in diesem Sektor bedeutet: Einsatz von Energie, immer am Ball bleiben. Gefühl und Intuition spielen die zweite Geige. Eine solche Person muß handeln und nicht nachdenken.

Die Gefühlsbuchstaben stehen für eine permanente Einbeziehung des Herzens und der Träume. Sind die meisten Buchstaben hier zu finden, bedeutet das, daß Entscheidungen auf der Basis von Wünschen und Sehnsüchten getroffen werden. Es ist ein künstlerisches Bewußtsein vorhanden.

Die Intuitionsbuchstaben zeugen von einem ungebrochenen Vertrauen in den Instinkt. Oft stößt man hier auf einen gewissen Grad an übersinnlichem Wahrnehmungsvermögen. Namen mit einer Mehrheit an Intuitionsbuchstaben tragen dazu bei, ein Wissen um den Geist zu entwickeln. Diese Menschen verbreiten häufig eine träumerische Atmosphäre. Ihr Lebensstil wirkt nicht besonders lebensnah.

Der Sektor, in dem sich die Mehrheit Ihrer Buchstaben befindet, gibt Auskunft darüber, wie Sie sich in erster Linie ausdrücken und wie Sie Ihre Entscheidungen fällen. Wenn Sie hier erheblich mehr Buchstaben haben als in den anderen Bereichen, ist dieser Teil Ihres Temperaments spürbar dominant. Wenn die Unterschiede zwischen den vier Abschnitten nicht nennenswert sind, dann ist Ihr Name und Ihr Temperament gut ausbalanciert.

Aus der Temperamentstafel können Sie ersehen, für welche Art der Laufbahn Ihr Name *im Idealfall* die beste Unterstützung bietet. Eine Mehrheit im Verstandesbereich hilft bei Denk- und Schreibtischarbeiten. Der Körperbereich ist für überwiegend physische oder praktische Tätigkeiten günstig. Der Gefühlsbereich trägt zu künstlerischen oder kreativen Karrieren bei. Die Intuitionsbuchstaben unterstützen ungewöhnliche Arten der Beschäftigung oder spirituell/religiöse Wege.

Zusätzlich wird zwischen Startern, Verbesserern und Vollendern unterschieden (siehe auch S. 101). Der Sektor, in dem die meisten Buchstaben stehen, gibt Auskunft darüber, wie Ihr Name dazu beiträgt, Unternehmungen anzufangen, weiterzuführen und zu Ende zu bringen.

Plazieren Sie *alle* Buchstaben Ihres Namens in die jeweiligen Felder auf der Tafel. Zählen Sie die Buchstaben jedes einzelnen Abschnitts (horizontal und vertikal) zusammen und benutzen Sie dabei die Quersummenbildung. Als Beispiel der Name des französischen Autors Jean Paul Sartre:

	Verstand	Körper	Emotion	Intuition	
Starter	A A A	E E	R R		7
Verbesserer	J N P		S T	S	6
Vollender	L				1
	7	2	4	1	

Die Temperamentstafel von Jean Paul Sartre

Beachten Sie die Sieben (der tiefschürfende Denker) sowohl im Verstandes- als auch im Startersektor (S. 101). Die
Mehrheit seiner Buchstaben befindet sich im Verstandesbereich. Hier haben wir jemanden mit einem klaren intellektuellen Blick auf Leben und Handeln. Wenn entscheidende
Beschlüsse gefällt werden müssen, wird er eher seinem Verstand als seinem Herzen folgen. Die Sieben in diesem Bereich weist auf eine Beschäftigung mit der inneren Bedeutung des Lebens hin. Mit seinen Gefühlen pflegt er einen
praktischen Umgangsstil – in diesem Sektor hat eine Vier.
Im Körperbereich findet sich eine Zwei. Im normalen Alltagsleben sollte er demnach zur Kommunikation fähig sein.
Intuition überkommt ihn in Gestalt einer Inspiration oder
blitzartig: die Eins.
   Er kann Projekte beginnen und sie weiterführen. Er
kann sie zwar auch zu Ende bringen, aber die alleinstehen-
de Eins im Abschnitt der Vollender (S. 101) deutet auf zeitweilige Probleme in diesem Bereich hin.

Die Temperamentszahlen

Die Eins

Verstand: Origineller Denker mit der Fähigkeit, neue und spannende Wege zu ersinnen. Die Eins neigt dazu, Diskussionen zu dominieren. Zuweilen zeigt sie sich ungeduldig.
Körper: Unter Umständen weisen solche Leute Führungsqualitäten auf. Sie müssen ständig beschäftigt sein, haben aber Sinn für Humor. Mögliche Neigung zur Schroffheit.
Emotion: In Partnerschaften ziehen sie den dominanten Part vor. Sie besitzen Optimismus und Originalität. Der Psychoanalyse stehen sie distanziert gegenüber.
Intuition: Neue und unbekannte Ideen erscheinen wie aus dem Nichts. Guter kreativer Instinkt, von dem oft auf enthusiastische Weise Gebrauch gemacht wird.

Die Zwei

Verstand: Die Zwei genießt es, Wissen anzusammeln, und ist gut bei Detailarbeiten. Die Zusammenarbeit mit anderen fällt ihr leicht. Sie ist in der Lage, beide Seiten eines Problems zu erfassen.
Körper: Teamarbeit ist unproblematisch. Die Zwei kann Dinge verbessern, die andere angefangen haben. Unter Umständen hat so eine Persönlichkeit künstlerische Hobbys oder Interessen. Manchmal ist sie übertrieben höflich.
Emotion: Sie braucht Gesellschaft und fühlt sich ohne Partner, mit dem sie alles teilen kann, im Stich gelassen. Sie ist für die Bedürfnisse anderer extrem – manchmal zu extrem – empfänglich.
Intuition: Sie macht problemlos Gebrauch von ihrer Intuition und hat eine Antenne für die herrschende Atmosphäre. Diese Zahl fördert die Entfaltung übersinnlicher Fähigkeiten. Spirituell wach, aber zaudernd.

Die Drei

Verstand: Die Drei bringt in jedes gedankliche Problem einen Schuß Kreativität. Menschen mit dieser Zahl nehmen das Leben nicht immer ernst. Sie haben einen Sinn für das Absurde und brauchen ständig neue Reize.

Körper: Ausdrucksstarke und künstlerische, oft beliebte Persönlichkeiten voller »*joie de vivre*«. Sie sind schnell gelangweilt, rastlos und gelegentlich unachtsam, verfügen aber über viel Sinn für Humor.

Emotion: Emotionelle Dreier haben keine Probleme, ihre Wünsche, Träume und romantischen Gefühle auszudrükken. Sie mögen Zuwendung und wollen sichtbare Zeichen dafür. Witzige, schöpferische Menschen, die bei beginnender Langeweile abspringen.

Intuition: Von Instinkt und Intuition machen sie kreativen Gebrauch. Ihre Gefühlsäußerungen sind phantasie- und geschmackvoll. Sie haben einen Sinn für Rituale.

Die Vier

Verstand: Vierer gehen jedes gedankliche Problem mit Hilfe ihrer Logik an. Ihre Einfälle sind praxisnah und konventionell. Sie mißtrauen allzu eigenwilligen Dingen und entwerfen konstruktive, machbare Konzepte.

Körper: Sie können hart arbeiten und fühlen sich unbehaglich, wenn sie nichts zu tun haben. Oft verfügen sie über irgendein handwerkliches Talent.

Emotion: Sie verlieren die praktische Dimension nie aus den Augen und sind in Gefühlsdingen äußerst ernsthaft. Sie können sehr treu sein, fühlen sich aber manchmal eingeengt.

Intuition: Entweder mißtrauen sie ihrer inneren Stimme, oder sie fühlen sich auf einem logischen und praktischen Weg wohler. Intuitionen ignorieren sie. In religiösen Fragen sind sie entweder orthodox oder agnostisch.

Die Fünf

Verstand: Fünfer besitzen einen schnellen, wendigen Verstand. Ihre Interessen sind unbegrenzt. Sie sind gewandte Gesellschafter, deren Interesse schnell wechselt und die alles Neue fasziniert.

Körper: Sie arbeiten gut mit anderen zusammen. Aktive, sportliche Menschen mit Wettbewerbsinstinkt. Sie kommen gut mit Veränderungen zurecht und sind hervorragende Krisenmanager.

Emotion: Freiheitsliebend und bindungsscheu. Leichter als die meisten Menschen wechseln sie Interessen und Neigungen. Beliebte, abenteuerlustige und aufregende Persönlichkeiten.

Intuition: Auf die Reaktionen anderer sind sie gut eingestimmt. Obwohl sie gute Instinkte haben, trauen sie ihnen oft nicht und brauchen Beweise, bevor sie zur Tat schreiten.

Die Sechs

Verstand: Sie bringen Verantwortung in den Denkprozeß ein. Oft sind sie schöpferische Problemlöser mit viel Verständnis für die Schwierigkeiten anderer.

Körper: Arbeits- und Familienleben brauchen sie gleichermaßen, und sie halten es in fein ausbalanciertem Gleichgewicht. Sechser arbeiten gut für oder mit anderen Menschen. Sie brauchen Schönheit um sich herum und können sich als kreativ erweisen.

Emotion: Künstlerische Interessen sind für sie zwar wichtig, aber sie opfern viel für ein stabiles Zuhause. Sie haben keine Probleme, Verantwortung zu übernehmen.

Intuition: Mehr als anderen Menschen müssen sie ihrem eigenen Instinkt vertrauen. Sie sind in der Lage, ein gutes Gleichgewicht zwischen Intuitionen und Fakten zu bewahren. Sie neigen dazu, sich überall einzumischen.

Die Sieben

Verstand: Siebener brauchen die Einsamkeit, um Beschlüsse zu fassen. Sie sehen viel, schweigen aber dazu. Einmischung in ihre Entscheidungsprozesse können sie nicht vertragen.

Körper: Aktive Menschen, die aber lieber allein als im Team arbeiten. Eine laute Umgebung oder Menschenmengen schrecken sie ab. Auf andere wirken sie oft verwirrend.

Emotion: Dieser Typ ist zu tiefer emotionaler Hingabe fähig, die er aber nicht offenbaren will. Er ist in allem ein Perfektionist.

Intuition: Siebener besitzen eine starke innere Stimme, auf die sie hören sollten, was sie aber nicht immer tun. Spirituell starke Menschen, die die Bedürfnisse anderer gut einschätzen können.

Die Acht

Verstand: Achter sind Menschen mit einem machtvollen und effizienten Gespür fürs Geschäft, die den Erfolg brauchen. Sie müssen sich vor materieller Habsucht hüten. Dynamische und harte Diskussionspartner.

Körper: Große sportliche Leistungsfähigkeit, in jedem Team herausragend. Zielbewußte, realistische und verläßliche Leute.

Emotion: Bei ihnen steht die Karriere an erster Stelle. In Beziehungen wollen sie die erste Geige spielen. In Krisen oder Notzeiten sind sie verläßliche Freunde.

Intuition: Um weniger glücklichen Leuten zu helfen, können sie sich der Intuition bedienen. Sie sind in der Lage, die materialistische und die spirituelle Dimension so zu verbinden, daß etwas Gutes dabei herauskommt.

Die Neun

Verstand: Neuner haben eine weiträumige Vision des Notwendigen. Mit Details geben sie sich nicht gern ab. Sie sind

Idealisten, die die humanitären Werte nie aus den Augen verlieren.

Körper: In der Regel drücken sie sich gern schauspielerisch oder allgemein künstlerisch aus. Sie bringen einen Hauch von Inspiration in profane Dinge. Anderen Menschen gegenüber zeigen sie Mitgefühl.

Emotion: Diese Zahl rührt tiefe und romantische Gefühle auf. Manchmal sind Neuner allzu dramatisch – in einer Minute himmelhochjauchzend, in der nächsten zu Tode betrübt. Sie sind gelegentlich sehr vertrauensselig.

Intuition: Sie sind eingestimmt auf ein höheres Bewußtsein. Ihre inspirierten Träume lassen sie manchmal unpraktisch werden. Charakteristisch für sie sind starke spirituelle Überzeugungen.

Null auf der Temperamentstafel

Verstand: Solche Menschen wollen keine Entscheidungen hinnehmen (oder treffen), die auf konkreten Fakten beruhen. Es fehlt ihnen an Vertrauen in logisches Denken, und sie haben Schwierigkeiten beim Lernen.

Körper: Keine bemerkenswerte körperliche Widerstandskraft und Ausdauer. Manchmal haben sie Probleme, mit dem Leben praktisch umzugehen. Sie müssen motiviert werden.

Emotion: Die Gefühle werden unterdrückt oder können nicht zum Ausdruck gebracht werden. Von Zeit zu Zeit erscheint das Leben farblos. Andere Menschen verstehen sie nur schwer.

Intuition: Sie haben eine Abneigung dagegen, Ahnungen oder Instinkten zu folgen. Kein Interesse an Themen aus der spirituellen oder metaphysischen Welt. Mit abstrakten Dingen kommen sie nicht zurecht.

Auf der Suche nach der Harmonie Ihrer Zahlen

Jetzt können Sie die Zahlen Ihres Geburtsdatums und Ihres Namens vergleichen. Es ist interessant, die Wechselwirkungen zu betrachten.

Ihre wichtigsten Zahlen sind die Zahl des Lebenswegs und die Namenszahl. Wie bereits erwähnt: Wenn sie identisch sind, haben Sie die bestmögliche Konstellation. Die zweitbeste Verbindung liegt vor, wenn beide Zahlen entweder ungerade oder gerade sind – in diesem Fall ist die Beziehung immer noch harmonisch. Ist die eine Zahl gerade und die andere ungerade, dann ist die Konstellation konfliktgeladen. Aber obwohl das Leben in diesem Fall nicht so reibungslos verläuft, wird es Chancen bieten, an der Überwindung aller Hindernisse zu wachsen.

Sie bekommen einen schnellen Überblick über die Grundharmonie Ihres Lebens, wenn Sie die Zahl Ihres Lebenswegs, Ihre Namenszahl und Ihre Kraftzahl nebeneinanderstellen. (Zur Erinnerung: die Kraftzahl finden Sie durch die Addition von Lebensweg- und Namenszahl). Zum Beispiel:

Lebensweg 4 / Namenszahl 4 / Kraftzahl 8 = eine perfekte Konstellation

Lebensweg 2 / Namenszahl 6 / Kraftzahl 8 = eine harmonische Konstellation

Lebensweg 3 / Namenszahl 4 / Kraftzahl 7 = eine konfliktreiche Konstellation

Sie erhalten ein detaillierteres Bild, wenn Sie sämtliche bedeutenden Zahlen nebeneinanderhalten. Der Schlüssel ist die Zahl Ihres Lebenswegs. Gerät keine andere Zahl mit ihr in Konflikt, dann wird sich leichter Erfolg einstellen, und schwierige Ereignisse in der Zukunft sind relativ problemlos zu bewältigen. Wenn die Namenszahl mit der Lebenswegzahl in Konflikt steht, alle anderen Zahlen aber mit dem Lebensweg harmonieren, kann im Erreichen immer noch der Stachel der Unzufriedenheit stecken. Erfolg bezieht sich hier nicht nur auf das Materielle, sondern auch auf den spirituellen und den emotionellen Sektor.

Um Ihre Haupteigenschaften abzubilden, benutzen Sie die folgenden Zahlen: Die Zahl des Lebenswegs (LWZ), die Geburtstagszahl (GZ), die Zielzahl (ZZ), die Namenszahl (NZ), die Vokalzahl (VZ), die Konsonantenzahl (KnZ), die Vornamenszahl (VNZ), die Zahl des ersten Buchstabens (EBZ), die Zahl des ersten Vokals (EVZ), die Kraftzahl (KrZ) und Ihre intensive Zahl (IZ) – letztere nur, wenn Sie nur eine haben, nicht zwei oder drei.

Schreiben Sie die Zahlen Eins bis Neun in eine Reihe und setzen Sie Ihre wichtigsten Zahlen darunter. Verwenden Sie dabei die Abkürzungen. Als Beispiel hier die Zahlen der früheren britischen Premierministerin Margaret Thatcher. Sie wurde am 13. Oktober 1925 geboren.

1	2	3	4	5	6	7	8	9
EVZ	VNZ		LWZ	ZZ			KrZ	KnZ
			GZ					
			NZ					
			VZ					
			EBZ					

Es gibt keine einzelne intensive Zahl. Das ist eine hervorragende Tafel. Es ist bemerkenswert, wie stark die Zahl des Lebenswegs, die Vier, von den anderen Zahlen gestützt wird. Ein Mensch, dessen Zahlen seinen Lebensweg so stützen, wird keine Schwierigkeiten haben, die Chancen zu harter Arbeit und Selbstdisziplin zu akzeptieren, die die Lebenswegszahl Vier mit sich bringt.

Es wäre albern zu glauben, daß eine harmonische Zahlenkonstellation gleichbedeutend ist mit unerhörtem Erfolg in der Welt – aber sie trägt dazu bei, das volle Potential eines Menschen zu verwirklichen. Ein solcher Mensch scheint immer zur rechten Zeit am rechten Ort zu sein.

Die Wahl eines Namens

Mit Hilfe der Numerologie können Sie für ein Kind den »richtigen« Namen heraussuchen. Wählen Sie allerdings einen Namen nicht nur aufgrund seiner Zahlen. Es muß ein Name sein, der Ihnen gefällt und den Sie dem Kind geben wollen, egal welche Zahlen sich aus ihm errechnen.

Das Geburtsdatum muß bekannt sein – mit anderen Worten, das Kind muß bereits geboren sein. Das sollte Sie nicht davon abhalten, bereits vor der Geburt eine Liste von passenden Namen zusammenzustellen.

Die Regeln für einen passenden Namen sind einfach: Die Namenszahl (also von Vor- und Nachnamen zusammen) sollte mit der Zahl des Lebenswegs übereinstimmen, oder sie sollten zumindest harmonieren (d.h. entweder beide gerade oder beide ungerade sein).

Die Zahl des Vornamens sollte sich nicht mit der Geburtstagszahl decken (selbst dann nicht, wenn Geburtstagszahl und Zahl des Lebenswegs identisch sind).

Es sollte sich um den Namen handeln, den Sie auch benutzen wollen. Wenn Sie sich für Johanna entscheiden, das Kind aber später mit Hanna anreden, stimmen die Zahlen nicht mehr. Der Name, der im Alltag benutzt wird, ist entscheidend – der Name, den das Kind als den seinen betrachtet. Darüber hinaus sollten Sie alle Zahlen des Kindes in Betracht ziehen, einschließlich der Konstellation der Namenstafel.

Nichts hindert Sie daran, dem Kind so viele Namen zu geben, wie auf die Geburtsurkunde passen. Es zählt der Name, den Sie Tag für Tag verwenden. Er enthält die Schwingungen, die letztendlich wirksam werden. Es ist wie die Bibel sagt: »Guter Ruf ist kostbarer als großer Reichtum.« (Spr. 22, V.1, das englische Wort »name« wird in deutschen Versionen der Bibel meist mit »Ruf« übersetzt.)

Wenn das Kind in späteren Jahren einen anderen Namen wählt, sollten Sie das nicht als eine Ablehnung Ihrer Person oder Ihrer Werte auffassen. Er oder sie hat das Recht, sich etwas anderes herauszusuchen. Genau wie Sie.

Die Änderung eines Namens

Das ist eine Sache, die ernst genommen sein will. Nehmen Sie sich Zeit für diese Entscheidung und ändern Sie Ihren Namen nicht aus einer Laune heraus – ich sage das, *weil* es eine Wirkung hat. Ein Name wird Ihr Leben irgendwie verändern. Wenn der neue Name die Zahlen auf Ihrer Namenstafel erheblich besser aussehen läßt, dann wird sich eine spürbar neue Lebensphilosophie bemerkbar machen, und es werden sich gute Chancen ergeben.

Aus diesem Grund ist es für jemanden, der einen spirituellen oder einen religiösen Weg betreten will, üblich, einen neuen Namen anzunehmen – es hat eine Wirkung. Deshalb wird einem Menschen, der seinen Namen gewechselt hat, so oft Mißtrauen und Spott entgegengebracht. Darin spiegelt sich die unbewußte Angst wider, die Person würde einen Teil ihres Selbst verbergen – anders gesagt, der neue Name steht für eine neue Persönlichkeit. Die Veränderung ist wirksam. Man entwickelt ein neues Image. Stark reglementierte Gesellschaften oder klassenbewußte Kulturen betrachten Namenswechsel in der Regel mit Mißtrauen. Den Namen kontrollieren zu wollen, heißt, den Menschen kontrollieren zu wollen.

Ein Namenswechsel ist, auch wenn das phantastisch klingen mag, eine Art Magie. Es ist der bewußte Akt der Wahl eines neuen Symbols für die eigene Person. Sie verändern damit den Charakter Ihrer Kraft.

Über Nacht wird sich gar nichts verändern. In der Regel vergehen Jahre, bis sich die volle Wirkung zeigt. Aber der

Wandel beginnt am Tag nach dem Namenswechsel. Es gibt ein Sprichwort: »Wenn du die Welt verändern willst, fang mit dir selbst an.«

Sie könnten als Veränderung eine neue Schreibweise wählen oder die Buchstaben ein wenig umstellen. Das ist viel leichter in die Praxis umzusetzen als die Annahme eines vollständig neuen Namens. Erwägen Sie immer zuerst diese Möglichkeit. Doch Sie leben *Ihr eigenes* Leben. Niemand hat das Recht, Ihnen zu sagen, welchen Namen Sie führen sollen. Es ist *Ihr* Name. Wenn Sie es vorziehen, auf einen anderen Klang zu antworten, dann ist das Ihr gutes Recht.

Normalerweise folgt jedem Namenswechsel erst einmal eine Zeit der Verwirrung. Viele Dinge im Leben bedürfen der Anpassung. Manche Menschen werden mit dieser Phase nicht fertig und kehren zu ihrem alten Namen zurück. Auch das ist in Ordnung.

Die Regeln für einen Namenswechsel sind dieselben wie bei der Wahl des Namens für ein Kind: Die Zahl des Lebenswegs und die Namenszahl sollten identisch (oder harmonisch) sein. Die Zahl des Vornamens sollte sich nicht mit der Geburtstagszahl decken. Alle wichtigen Zahlen sollten mitkalkuliert werden.

So hat es einmal ein Richter gegenüber dem frisch umbenannten Filmmagnaten Samuel Goldwyn formuliert (Goldwyn von der berühmten Hollywood Filmgesellschaft Metro-Goldwyn-Mayer, der gerade seinen früheren Namen »Goldfish« abgelegt hatte): »Ein Mann, der seinen Erfolg selbst geschaffen hat, zieht vielleicht auch einen selbstgeschaffenen Namen vor.«

Zyklus- und Jahreszahlen

Wenn man viel hineinzustecken hat, so hat ein Tag hundert Taschen.

Nietzsche, 1967, S. 338

Die Chancen, die sich in Ihrem Leben ergeben, folgen bestimmten Zyklen. Die Numerologie kann das zeigen. Sie macht allerdings keine Vorhersagen, denn sie ist keine Wahrsagekunst. Was morgen geschieht, hängt davon ab, was Sie heute tun. Doch die Numerologie kann Ihnen die *möglichen* Ereignisse und Gelegenheiten zeigen, denen Sie begegnen werden. Was geschieht, wenn Sie ihnen begegnen, liegt in Ihren Händen. Also: Es *gibt* einen richtigen Ort und eine richtige Zeit, und sie lassen sich auch berechnen. Aber *Sie* sind es, der durch sein Handeln aus diesen Chancen etwas macht.

Ihr vollständiges Geburtsdatum ist die Basis, auf der sich die Zyklen Ihres Lebens entwickeln. Sie leben gleichzeitig in vielen unterschiedlichen Zyklen. Dieses und das folgende Kapitel wird Ihnen vermitteln, wie Sie die bedeutendsten aufspüren können. Die Sorgfalt, mit der Sie die Wechselwirkungen dieser Zahlen analysieren, bestimmt die Genauigkeit Ihrer Vorhersagen.

Die drei Lebenszyklen

Ihr Leben teilt sich in drei Stufen oder Zyklen ein. Der erste errechnet sich aus der Zahl Ihres Geburtsmonats, der zweite aus dem Geburtstag, der dritte aus Ihrem Geburtsjahr. In allen drei Fällen wird die Quersummenbildung benutzt. In den Vereinigten Staaten wird das Datum so geschrieben, daß der Monat zuerst kommt – anders als in Deutschland, wo der Tag die erste Stelle einnimmt. In diesem Kapitel wird das amerikanische System benutzt, das ist die übliche Grundlage, um in der Numerologie Zyklen zu berechnen. Wo auch immer Sie geboren sind, für die folgenden Berechnungen verwenden Sie immer diese Reihenfolge: Geburtsmonat, Geburtstag, Geburtsjahr.

Am folgenden Datum ist der frühere sowjetische Generalsekretär Nikita Chruschtschow geboren: 17. April 1894 also (!) 4. 17. 1894. Nach der Quersummenbildung sieht das Datum so aus: 4. 8. 4. Sein erster Zyklus (seine Monatszahl) steht unter der Schwingung der Vier. Sein zweiter Zyklus (seine Tageszahl) unter der Acht, sein dritter (seine Jahreszahl) unter der Vier.

Ihr erster Zyklus beginnt bei Ihrer Geburt. Um herauszufinden, wann Ihr zweiter Zyklus beginnt, ziehen Sie die Zahl Ihres Lebenswegs von der Zahl Sechsunddreißig ab (die Sechsunddreißig – also Neun mal Vier – wird als eine Zahl mit machtvoller okkulter Symbolkraft angesehen). Ihr zweiter Zyklus dauert siebenundzwanzig Jahre (Neun mal Drei). Ihm folgt Ihr dritter Zyklus, der bis zum Tod dauert oder, um es mit den Worten von Samuel Butler zu beschreiben, bis zu » ... einer größeren Art von Reise in die Fremde«.

Jeder Zyklus offenbart die Grundrichtung, die hinter dem betreffenden Teil Ihres Lebens steckt.

Lebensweg 1: der zweite Zyklus beginnt bei 35 – der dritte Zyklus bei 62
Lebensweg 2: der zweite Zyklus beginnt bei 34 – der dritte Zyklus bei 61
Lebensweg 3: der zweite Zyklus beginnt bei 33 – der dritte Zyklus bei 60
Lebensweg 4: der zweite Zyklus beginnt bei 32 – der dritte Zyklus bei 59
Lebensweg 5: der zweite Zyklus beginnt bei 31 – der dritte Zyklus bei 58

Lebensweg 6: der zweite Zyklus beginnt bei 30 – der dritte Zyklus bei 57
Lebensweg 7: der zweite Zyklus beginnt bei 29 – der dritte Zyklus bei 56
Lebensweg 8: der zweite Zyklus beginnt bei 28 – der dritte Zyklus bei 55
Lebensweg 9: der zweite Zyklus beginnt bei 27 – der dritte Zyklus bei 54

Die Zykluszahlen

Zyklus Eins: In diesem Zyklus hat die Person den Wunsch, auf eigenen Füßen zu stehen. Die Ereignisse bringen einen gewissen Grad an Unabhängigkeit mit sich. Sie hat ihre eigenen Bedürfnisse im Auge, manchmal macht sich Ungeduld bemerkbar. Oft ergeben sich neue Gelegenheiten. Irgendwann in diesem Zeitraum wird ihr eine Führungsrolle übertragen – auch wenn sie das gar nicht will. Solche Menschen brauchen Selbstvertrauen und Entschlußkraft.

Zyklus Zwei: Hier bekommen Menschen die Chancen, Mitglied verschiedener Gruppen zu werden und in großen Organisationen oder Teams mitzuarbeiten. Sie achten auf die Meinungen anderer Menschen und finden viele Freunde. Es kann zu öffentlicher Anerkennung kommen, die sie vielleicht gar nicht angestrebt haben. Es taucht das Bedürfnis nach Partnerschaft auf. Die Ereignisse entwickeln sich gemächlich. Unter Umständen werden sie der Führung anderer folgen müssen.

Zyklus Drei: Das ist ein angenehmer Zyklus. Die kreative Arbeit floriert – es ist allerdings wahrscheinlich, daß Menschen auf dieser Stufe Chancen verstreichen lassen, um ihr Leben zu genießen. Die sozialen Beziehungen stehen im Vordergrund, man genießt es, andere zu unterhalten oder Zeit mit ihnen zu verbringen. Solche Menschen wirken wie »Glückspilze«. Oft sind sie rastlos, gelangweilt und suchen die Aufregung.

Zyklus Vier: Auf dieser Stufe müssen praktische Probleme angepackt werden. Es gibt eine Menge harte Arbeit. Manchmal fühlen sich Menschen in dieser Phase eingeschränkt. Sie haben die Gelegenheit, solide Grundlagen für beruflichen oder häuslichen Fortschritt zu legen, aber sie brauchen mehr Zeit für Spiel und Entspannung. Das Leben wird ernstgenommen, das Leben ist Arbeit. Es besteht die Gefahr des Stagnierens.

Zyklus Fünf: Menschen werden in dieser Phase unablässig mit wechselnden Umständen konfrontiert. Sie geraten häufig in – meistens unfreiwillige – Abenteuer. Es wird schwierig, bei einer Laufbahn zu bleiben. Interessen können sich wandeln, und die Personen beweisen Anpassungsfähigkeit. Die Kommunikation mit anderen gewinnt an Bedeutung. Es bieten sich Gelegenheiten, zu reisen und alles mögliche Neue auszuprobieren. Situationen mit Wettbewerbscharakter stehen im Vordergrund.

Zyklus Sechs: In einem Sechser-Zyklus stößt man auf viele Chancen, seine Kreativität unter Beweis zu stellen. Das Augenmerk ist allerdings auf das Zuhause und die häusliche Umgebung gerichtet. Man übernimmt Verantwortung und wird oft um Rat angegangen. Menschen in dieser Phase brauchen viel Liebe und sind ständig auf der Suche nach ihrem Gleichgewicht. Das private Umfeld ist entweder harmonisch oder destruktiv.

Zyklus Sieben: In einer solchen Periode verbringen Menschen viel Zeit damit, ihr Inneres zu erforschen oder sich selbst tiefenpsychologisch zu analysieren. In lauter oder geschäftiger Umgebung geraten sie in Verwirrung – sie brauchen das Alleinsein. Auf der persönlichen Ebene kann es zu großen Reifungsprozessen kommen. Der Fortschritt auf der materiellen Ebene läßt sich nicht erzwingen. Möglichkeiten ergeben sich unerwartet. Nach langem Nachdenken wird schnell gehandelt. Diese Menschen können Ratschläge zurückweisen und Ärger verursachen.

Zyklus Acht: Es gibt langsame, aber stetige Fortschritte in Richtung auf die persönlichen Ziele, aber alles ist mit Arbeit verbunden. Für finanzielle Angelegenheiten ist das ein guter Zyklus, allerdings nur, wenn die betreffende Person es auch verdient. Manchmal schäumt der Ehrgeiz über. Unabhängigkeit ist wichtig, und man setzt sich Ziele. Dieser Zyklus hat eine karmische Seite: Jeder bekommt, was er oder sie verdient – im Guten wie im Bösen. Eine anstrengende Phase.

Zyklus Neun: Unter dieser Zahl ist alles möglich. Sie ist gut für den ganzen kreativen Bereich, besonders für alle ernstzunehmenden Künste. Menschen fällt es in dieser Phase oft schwer, neue Projekte zu starten, und manchmal finden die Dinge ein seltsames Ende. Dieser Zyklus ist von Gefühlen geprägt und es gibt Zeiten, in denen man sich zügeln muß. Den praktischen Angelegenheiten sollte mehr Aufmerksamkeit geschenkt werden. Eine Phase der Reisen und eines großen Kreises von Freunden beziehungsweise vielen Kontakten.

Die Herausforderung

Hinter jedem individuellen Zyklus wartet eine Herausforderung. Sie deckt Hindernisse oder selbstverantwortete Grenzen auf, die Sie überwinden müssen, um zur Erfüllung zu gelangen.

Die erste Herausforderung wartet im ersten Zyklus. Die zweite tritt im zweiten Zyklus in den Vordergrund. Die wichtigste Herausforderung ist die dritte. Sie stellt sich erst im dritten Zyklus, aber die von ihr verursachten Einschränkungen sind während des ganzen Lebens spürbar. Wenn wir älter werden, verlieren die Herausforderungen an Macht. In der Regel sind sie erkannt und überwunden worden.

Die erste Herausforderung finden Sie, indem Sie die über Quersummenbildung gefundene Geburtsmonats- und Geburtagszahl voneinander abziehen (die größere von der kleineren Zahl). Für die zweite Herausforderung wird die Geburtstagszahl von der Jahreszahl (Quersumme!) abgezogen. Und für die dritte Herausforderung ziehen Sie die erste von der zweiten Herausforderungszahl ab.

Als Beispiel das Geburtsdatum der amerikanischen Tennisspielerin Billie Jean King: 11. 22. 1943 (amerik. Schreibweise!). Nach der Quersummenbildung sieht ihr Datum so aus: 2. 4. 8. Ihre erste Herausforderung ist die Zwei (4 − 2 = 2). Ihre zweite Herausforderung ist die Vier (8 − 4 = 4), ihre dritte Herausforderung ist die Zwei (4 − 2 = 2).

Die Zahlen der Herausforderung

Herausforderung *Null*: In diesem Fall gibt es keine individuelle Herausforderung. Das soll nicht heißen, daß es keine negative persönliche Eigenschaft zu überwinden gäbe, sondern nur, daß Sie sich immer mit wechselnden Eigenschaften auseinandersetzen müssen.

Herausforderung *Eins* ist die Abneigung, Führungsrollen zu übernehmen und die Initiative zu ergreifen, und die Angst vor Selbständigkeit.

Herausforderung *Zwei* ist ein Mangel an Bewußtsein für die Bedürfnisse anderer, eine fehlende Bereitschaft zur Zusammenarbeit und ein Mangel an Sensibilität.

Herausforderung *Drei* ist fehlende Lebensfreude und Leichtigkeit. Solche Menschen lassen ihre Kreativität versanden und finden nicht zu ihrem Selbstausdruck.

Herausforderung *Vier* ist die Weigerung, das Leben aus einem realistischen und praxisbezogenen Blickwinkel zu betrachten. Man kommt nicht aus seinem Trott.

Herausforderung *Fünf* ist die Angst vor Neuem und vor Risiko. Es fehlt an Interesse, mit anderen in Austausch zu treten.

Herausforderung *Sechs* ist eine mögliche Störung im Familienleben, falls es den betreffenden Menschen nicht gelingt, ein Gleichgewicht zu finden. Sie wollen keine Verantwortung übernehmen.

Herausforderung *Sieben* ist die fehlende Bereitschaft, allein zu sein. Man will seine inneren Motive nicht erforschen, und es fehlt an Vertrauen.

Herausforderung *Acht* ist der Unwillen, persönliche Macht zu akzeptieren. Das Leben fühlt sich an, als ob es aus den Fugen geraten wäre. Gier spielt eine Rolle.

Die Wendepunkte

In Ihrem Leben gibt es vier Wendepunkte. Das sind Zeitpunkte, an denen sich entscheidende Dinge ereignen. Manchmal werden sie in ihrer Bedeutung erst später erkannt. An diesen Wendepunkten haben Sie ein erhöhtes inneres Energieniveau, das Ihnen hilft, Ihre Chancen positiv zu nutzen. Auf den ersten Wendepunkt stoßen Sie, wenn Sie die Zahl Ihres Lebenswegs von der Zahl Sechsunddreißig abziehen (also gleichzeitig mit dem Beginn Ihres zweiten Lebenszyklus). Die anderen drei Wendepunkte folgen nach jeweils neun Jahren.

Die Wendepunkte ereignen sich jeweils in den folgenden Altersstufen:

Lebensweg Eins: im Alter von 35, 44, 53 und 62 Jahren
Lebensweg Zwei: im Alter von 34, 43, 52 und 61 Jahren
Lebensweg Drei: im Alter von 33, 42, 51 und 60 Jahren
Lebensweg Vier: im Alter von 32, 41, 50 und 59 Jahren
Lebensweg Fünf: im Alter von 31, 40, 49und 58 Jahren
Lebensweg Sechs: im Alter von 30, 39, 48 und 57 Jahren
Lebensweg Sieben: im Alter von 29, 38, 47 und 56 Jahren
Lebensweg Acht: im Alter von 28, 37, 46 und 55 Jahren
Lebensweg Neun: im Alter von 27, 36, 45 und 54 Jahren

Ein Wendepunkt erstreckt sich über ein Jahr. Seine Wirkung ist aber über eine längere Periode spürbar, sie beginnt bis zu einem Jahr vor seinem Beginn, und die Wirkungen bleiben bis zu drei oder vier Jahre lang tragend. Die volle Wirkung zeigt sich allerdings im ersten Jahr. Was Sie tun müssen, um die Schwingungszahl jedes einzelnen Wendepunkts zu finden (es versteht sich, daß bei allen vier Berechnungen die Quersummenbildung angewendet wird):

Wendepunkt Eins: Zählen Sie Ihren Geburtsmonat und Ihren Geburtstag zusammen.

Wendepunkt Zwei: Zählen Sie Ihren Geburtstag und Ihr Geburtsjahr zusammen.

Wendepunkt Drei: Addieren Sie die Zahlen Ihrer ersten beiden Wendepunkte.

Wendepunkt Vier: Zählen Sie Ihren Geburtsmonat und Ihr Geburtsjahr zusammen.

Beispiel: Die Zahlen der Wendepunkte im Leben des Schauspielers Marlon Brando (Geburtsdatum 4. 3. 1924, amerik. Schreibweise, nach der Quersummenbildung: 4. 3. 7.): Sein erster Wendepunkt hat die Sieben (4 + 3 = 7), sein zweiter die Eins (3 + 7 = 10 = 1 + 0 = 1), sein dritter die Acht (7 + 1 = 8) und sein vierter die Zwei (4 + 7 = 11 = 1 + 1 = 2).

Am Wendepunkt *Eins* taucht eine neue Lebensrichtung auf. Es ergibt sich die Möglichkeit, unabhängig zu werden. Man beschäftigt sich in erster Linie mit persönlichen Bedürfnissen.

Am Wendepunkt *Zwei* kann eine Partnerschaft beginnen. Es zeigt sich das Bedürfnis, sich mit andern zusammenzutun. Das seelische Potential vertieft sich, und der Mensch wird sich der Nöte anderer bewußt.

Am Wendepunkt *Drei* tritt Vergnügen und soziales Leben in den Vordergrund. Wahrscheinlich werden diese Leute reisen. Sie machen vollen Gebrauch von ihren Verstandes- und Kreativkräften.

Am Wendepunkt *Vier* gibt es viel zu tun, aber das wird keine Probleme machen. Es ergibt sich die Chance, feste Fundamente für den Rest des Lebens zu legen.

Am Wendepunkt *Fünf* erscheint etwas vollständig Neues und Unerwartetes im Leben. Freiheitsliebe macht sich bemerkbar. Eine Chance für Fortschritt sollte nicht verpaßt werden.

Am Wendepunkt *Sechs* drängt sich das Thema Kreativität in den Vordergrund. Ein Großteil des Interesses konzentriert sich auf das Zuhause. Übertragene Verantwortung bedeutet kein Problem. Es ist möglich, daß eine Liebesbeziehung, eine Hochzeit oder eine Scheidung ins Haus steht.

Am Wendepunkt *Sieben* wird die Individualität gestärkt und die persönliche Motivation besser verstanden. Aus heiterem Himmel ergeben sich Chancen. Eine Zeit der Geheimnisse, die erst später klarer verstanden wird.

Am Wendepunkt *Acht* wird es möglich, materielle Erfolge zu erzielen. Man kann sich die Möglichkeit verdienen, unabhängig zu werden. Eine gute Zeit für die finanzielle Ebene.

Am Wendepunkt *Neun* kann ein Teil des geordneten Lebens zu Ende gehen. Es stehen große Veränderungen an, oft verbunden mit Verwirrung und Reisen. Menschen sind in dieser Situation gefühlmäßig hoch aufgeladen, aber sie werden stärker und leidenschaftlicher daraus hervorgehen.

Das universelle Jahr, der universelle Monat und der universelle Tag

Aus dem kalendarischen Datum sind die Schwingungen jedes einzelnen Tages ablesbar. Ihre Wirkungen auf Sie hängen von den Wechselwirkungen mit Ihren anderen Zahlen ab.

Die universelle Jahreszahl ist die mit Hilfe der Quersummenbildung bearbeitete Jahreszahl. Die Zahlen, die die Basis der so errechneten Ziffer bilden, sind zwar wichtig, werden aber in der herkömmlichen Numerologie nicht berücksichtigt. Die universelle Jahreszahl für 1999 ist die Eins ($1 + 9 + 9 + 9 = 28 = 2 + 8 = 10 = 1 + 0 = 1$). Die universelle Jahreszahl für 2000 ist die Zwei ($2 + 0 + 0 + 0 = 2$).

Um die universelle Monatszahl zu bilden, addieren Sie die kalendarische Zahl des betreffenden Monats zu der universellen Jahreszahl hinzu: Dezember 1999 hat die Vier ($1 + 1 + 2 = 4$).

Die universelle Tageszahl errechnet sich entweder aus der Addition des Kalendertages zur universellen Monatszahl oder aus dem mit der Quersummenbildung bearbeiteten vollen Datum: Der 31. Dezember 1999 hat die Acht ($3 + 1 + 1 + 2 + 1 + 9 + 9 + 9 = 35 = 3 + 5 = 8$). Es ist interessant, daß der letzte Tag dieses Jahrtausends die Zahl Acht hat, die in der Vergangenheit die »karmische Zahl« genannt wurde (wir bekommen, was wir verdienen), und der erste universelle Tag des Jahres 2000 (das strenggenommen auch noch zum zweiten Jahrtausend gehört, A.d.Ü.) die Zahl Vier (die Chance, feste Grundlagen für die Zukunft zu schaffen).

Für alle Angelegenheiten, Projekte, Interessen oder Ereignisse, die Sie betreffen, für die Sie aber auch die Kooperation anderer benötigen beziehungsweise die Sie nicht ohne die Hilfe anderer in die Wege leiten können, müssen Sie den universellen Tag berücksichtigen. Es ist weise, Tage zu nutzen, an denen die universellen Schwingungen Sie unterstützen. Universelle Tage mit der Zahl Ihres Lebensweges werden als Ihre »Glückstage« angesehen.

Die Wirkung der Schwingungen der universellen Jahre, Monate und Tage finden Sie hier:

Die Schwingung *Eins* bedeutet Neuanfänge, Chancen, Unabhängigkeit und erneute Anläufe.

Die Schwingung *Zwei* bedeutet eine Zeit der Ruhe, der Festigung, der Kooperation und der Teamarbeit.

Die Schwingung *Drei* bedeutet Unterhaltung, Selbstausdruck, Geselligkeit und Reisen.

Die Schwingung *Vier* bedeutet die Entwicklung von Plänen, Praktikabilität, Organisation und harte Arbeit.

Die Schwingung *Fünf* bedeutet aufregende Veränderungen, Kommunikation, Reisen und sexuelle Anziehung.
Die Schwingung *Sechs* bedeutet häusliche Aktivitäten, Kreativität, Verantwortlichkeit und Ehe.
Die Schwingung *Sieben* bedeutet innere Suche, Studium, Ruhe und unerwartete Überraschungen.
Die Schwingung *Acht* bedeutet Erfolg oder Scheitern auf der materiellen Ebene, Unabhängigkeit und erreichte Ziele.
Die Schwingung *Neun* bedeutet Fragen der Menschlichkeit, Idealismus, letzte Ziele und dramatische Zuspitzung.

Das persönliche Jahr, der persönliche Monat, der persönliche Tag

Ihr persönliches Jahr beginnt am ersten Januar jeden Kalenderjahres. Sie werden seine Schwingung allerdings schon vom Oktober des vorhergehenden Jahres an spüren, und es wird weiterwirken – wenn auch abgeschwächt – bis zum Beginn eines persönlichen Monats mit der Schwingung Eins. Um die persönliche Jahreszahl zu finden, addieren Sie Ihre Geburtstags- und Ihre Monatszahl (das ist, wie Sie bemerkt haben werden, Ihre Zielzahl) und rechnen Sie das betreffende Jahr hinzu. Ein Beispiel: Wenn Fünf und Fünf Ihre Geburtstags- und Ihre Monatszahl wären, und Sie wollten herausfinden, was für Gelegenheiten das Jahr 1999 mit sich bringt, dann würden Sie folgende Addition durchführen: $5 + 5 + 1 + 9 + 9 + 9 = 38 = 3 + 8 = 11 = 1 + 1 = 2$. 1999 wäre für Sie ein persönliches Jahr mit der Schwingungszahl Zwei.

Um Ihre persönliche Monatszahl zu finden, zählen Sie die Kalenderzahl des Monats zu Ihrer persönlichen Jahreszahl hinzu. Um die Zahl für den Dezember des eben berechneten persönlichen Jahres unter der Zwei zu finden, müßten

Sie Zwölf und Zwei addieren: 1 + 2 + 2 = 5. Der Dezember des Jahres 1999 also hätte die persönliche Monatszahl Fünf.

Um Ihre persönliche Tageszahl zu finden, addieren Sie Ihre persönliche Monatszahl zum Kalendertag. Im Fall des obigen Beispiels hätte der 31. Dezember die persönliche Tageszahl Neun (3 + 1 + 5 = 9).

Für jemanden mit der Geburtstagszahl Fünf und der Monatszahl Fünf hätte das Datum 31. 12. 1999 die persönliche Jahreszahl Zwei, die persönliche Monatszahl Fünf und die persönliche Tageszahl Neun. Alle drei Zahlen hätten für diese Person an diesem Tag eine Wirkung auf der persönlichen Ebene. Natürlich sollten die Schwingungen der universellen Zahlen nicht vernachlässigt werden.

Numerologen haben oft dramatische Worte benutzt, um die Wirkung der Zahlen zu beschreiben. Offensichtlich entspricht unser Alltag nicht diesen bunten Farben – er besteht meistens aus Routine und profanen Angelegenheiten. Die phantasiereiche Sprache hat den Zweck, daß Sie eine Ahnung davon bekommen, was letztlich möglich ist.

Die persönlichen Schwingungen

Die persönliche Schwingung der Eins: Eine Zeit, um im Leben noch einmal von vorn anzufangen, mit der Kraft für einen neuen Start. Neue Richtungen und Möglichkeiten tun sich auf, die Sie nutzen sollten. Es ist leichter als sonst möglich, unabhängig zu werden. Eine Phase des Selbstvertrauens und der Energie.

Die persönliche Schwingung der Zwei: Eine Phase des Friedens und der Ruhe nach der Stufe Eins. Jetzt haben Sie viel Zeit, um nachzudenken und Ihre Pläne zu konsolidieren. Freundschaften und Partnerschaften gedeihen. Die Zusammenarbeit mit anderen fällt Ihnen leichter als sonst, Ihre Sensibilität ist größer, und Sie fühlen Zuneigung und Liebe.

Die persönliche Schwingung der Drei: Eine Periode des Glücks und der Fröhlichkeit. Eine Blütezeit für Phantasie und kreativen Verstand. Wahrscheinlich werden Sie reisen. Ihnen bieten sich viele Gelegenheiten, sich unter Menschen zu mischen und gesellig zu sein. Es ist eine Zeit des Optimismus mit einer »Glückssträhne«.

Die persönliche Schwingung der Vier: Geduld und Systematik machen sich bezahlt. Eine Zeit realistischer Einstellungen und praktischer Orientierung, in der die Möglichkeit, Pläne zu machen und das Erreichte zu festigen im Vordergrund steht. Eine Phase der Stabilität.

Die persönliche Schwingung der Fünf: Ihnen begegnen neue Chancen. Wandel liegt in der Luft. Sie brauchen Freiheit. Neue Menschen und Interessen treten in Ihr Leben. Unter dieser Zahl ist die Anpassungsfähigkeit größer als sonst. Es bieten sich viele Anziehungspunkte für Ihre Sinnlichkeit. Eine zweite Chance, neu anzufangen (nach der Eins).

Die persönliche Schwingung der Sechs: Häusliche Angelegenheiten nehmen einen großen Teil Ihrer Zeit in Anspruch. Die beste Zahl für Liebe und Ehe. Sie übernehmen Verantwortung bereitwilliger als sonst und kümmern sich um Ihre Pflichten und Verbindlichkeiten. Sie bevorzugen Projekte, bei denen Ihre Kreativität gefragt ist.

Die persönliche Schwingung der Sieben: Sie erhalten wichtige Einblicke in Ihre eigenen Motive. Es besteht ein Bedürfnis nach Ruhe und Nachdenken und stärker als sonst auch nach Einsamkeit. Auf materiellem Gebiet ergeben sich unter Umständen zunächst Enttäuschungen und dann, wenn Sie es am wenigsten erwarten, überraschende Erfolge.

Die persönliche Schwingung der Acht: Sie können Erfolg und materiellen Gewinn einfahren – allerdings nur, wenn Sie dafür gearbeitet haben. Eine gute Schwingung für Geschäftliches. Unter dieser Zahl müssen Sie für alles viel Kraft aufwenden. Ausgewogenheit zwischen der materiellen und der spirituellen Ebene bringt Erfolge.

Die persönliche Schwingung der Neun: Unerwartet gehen verschiedene Dinge ihrem Ende entgegen – aber nichts davon brauchen Sie noch. Ihr Leben wird entrümpelt. Es bieten sich Gelegenheiten, Verständnis und Mitgefühl unter Beweis zu stellen. Eine gefühlsgeladene, dramatische Phase voll Idealismus und Romantik. Es kann zu Reisen kommen. Diese Zahl ist gut, um Dinge zu Ende zu bringen, aber nicht besonders geeignet für Neuanfänge.

In der Praxis werden Sie wahrscheinlich herausfinden, daß das persönliche Jahr und der persönliche Monat ein akkurater Führer für Ihre Chancen in Monat und Jahr sind. Der universelle Tag ist verläßlich, wenn es darum geht, von einem Tag zum nächsten Aktionen in Gang zu bringen. Der persönliche Tag gibt Ihnen Hinweise auf Ihre inneren Bedürfnisse.

Durchgangs- und Ereigniszahlen

Und das lehr' uns, daß eine Gottheit unsre Zwecke formt,
wie wir sie auch entwerfen.

Shakespeare, Hamlet, 5. Akt, 2. Szene, S. 475

Es ist möglich, auf der Basis Ihres kompletten Geburtsnamens – also dem Namen, der auf Ihrer Geburtsurkunde steht – Vorhersagen über Ereignisse in Ihrem Leben zu machen. Das hört sich an wie ein bizarrer Ritus, kann aber ungewöhnlich exakt sein. Es gibt im Leben viele Dinge, die wir weder erklären noch wissenschaftlich beweisen können – das fängt bei der Intuition an und endet bei religiösen Überzeugungen. Es ist also manchmal nötig, sich eine gewisse Offenheit zu bewahren. Sie können dieses Verfahren anhand Ihrer eigenen Vergangenheit überprüfen.

Dazu brauchen Sie den vollständigen Namen, der auf Ihrer Geburtsurkunde steht. Das war Ihr Ausgangspunkt, selbst wenn dieser Name nicht mehr benutzt wird oder noch nie benutzt worden ist. Das heißt auch, daß ein falsch geschriebener Name oder zusätzliche Worte, die auftauchen, miteinzubeziehen sind. Jeder Buchstabe in diesem Namen beeinflußt Ihr Leben während eines oder mehrerer bestimmter Jahre. Wenn wir die Buchstaben in diesem Sinne auswerten, nennen wir sie Durchgangsbuchstaben.

Schreiben Sie Ihren vollen Namen auf ein Blatt Papier (exakt so, wie er auf der Geburtsurkunde steht) und in die

Zeile darüber die Zahlenwerte. Als Beispiel benutzen wir den Namen Ann Rose Smith:

1	5	5		9	6	1	5		1	4	9	2	8
A	N	N		R	O	S	E		S	M	I	T	H

Jeder Buchstabe beinflußt Ihr Leben für eine Periode von Jahren, die seinem Zahlenwert entspricht (das A mit Zahlenwert Eins ist ein Jahr lang aktiv – das N mit Zahlenwert Fünf fünf Jahre lang). Nachdem alle Buchstaben eines Namens durchgelaufen sind, kehren Sie zu dem ersten Buchstaben zurück und wiederholen den Vorgang. Dabei wird jeder Name einzeln analysiert: Ann, Rose und Smith.

Die Durchgänge beginnen am Tag Ihrer Geburt. Plazieren Sie unter jedem Anfangsbuchstaben eine Null. Ihr zweiter Buchstabe setzt nach der Anzahl von Jahren ein, die der erste vorgegeben hat. In unserem Beispiel ist A, also Eins, die Durchgangszahl für die ersten zwölf Monate (ein Jahr), und N setzt am ersten Geburtstag ein.

1	5	5		9	6	1	5		1	4	9	2	8
A	N	N		R	O	S	E		S	M	I	T	H
0	1	6		0	9	15	16		0	1	5	14	16
11	12	17		21	30	36	37		24	25	29	38	40
22	23	28		42	51	57	58		48	49	53	62	64
33	34	39		63	72	78	79		72	73	77	86	88

Wenn wir den Namen Ann Rose Smith betrachten, sehen wir folgendes (mit drei Namen hat sie immer drei Durchgangsbuchstaben): das A von Ann beeinflußt ihr erstes Jahr. Das R von Rose wirkt sich auf ihre ersten neun Jahre aus. Und das S war auch während ihres ersten Lebensjahres wirksam (oder bis sie das S ein weiteres Mal im Alter von Vierundzwanzig hatte).

Wenn wir etwas über die Ereignisse wissen wollten, die ihr wahrscheinlich im Alter von Achtzehn begegnen, dann würden wir ihren Namen konsultieren und entdecken, daß das N, das E und das H die gültigen Durchgangsbuchstaben für dieses Alter sind.

Bei der Berechnung der Durchgangszahlen sollten Sie Sorgfalt walten lassen. Die Berechnung ist zwar einfach, aber es passieren leicht Fehler, und ein einziger Fehler macht Ihre Vorhersage zunichte.

Es ist möglich, eine solche Tafel für einen neuen Namen zu erstellen, wenn man das genaue Jahr kennt, in dem der Name angenommen wurde; der volle Geburtsname wird dennoch weiterhin gelten. Wenn der Name, unter dem man Sie kennt, mit Ihrem Lebensweg harmoniert, wird das schwierige Durchgänge leichter machen. Ein Name in Konflikt mit Ihrem Lebensweg kann dabei nicht helfen. Die Durchgangsbuchstaben gelten von Geburtstag zu Geburtstag, nicht vom ersten Januar an, wie das persönliche Jahr.

Wenn der gleiche Buchstabe zwei- oder mehrmals gleichzeitig in Kraft ist (z. B. zweimal das A), dann ist dieser Durchgang wahrscheinlich eine kraftvolle, aber schwierige Periode.

Die Durchgangsbuchstaben

A (ein Jahr): Wandel und neue Anfänge. Ein Richtungswechsel in der Karriere oder ein Umzug. Der Startpunkt für kreative Projekte.
AA: Hyperaktiv. Unter Umständen werden Gelegenheiten verpaßt.

B (zwei Jahre): Ein langsamer Rhythmus ist angezeigt. Partnerschaften und Liebesbeziehungen sind begünstigt. Möglicherweise tritt übermäßige Nervosität auf. Achten Sie auf Ihre Gesundheit.
BB: Eine von großer Emotionalität geprägte Periode.

C (drei Jahre): Verstärkte Kreativität. Soziale Ereignisse stehen im Mittelpunkt. Möglicherweise kommt es zu häuslichen Konflikten. Eine angenehme, aber unruhige Zeit.
CC: Sie spielen zu hart. Extreme Rastlosigkeit.

D (vier Jahre): Es bieten sich Gelegenheiten, das eigene Leben verantwortlich selbst zu organisieren. Eine Zeit der praktischen, harten Arbeit. Sie brauchen Pausen.
DD: Workaholismus. Das Leben wirkt eingeengt.

E (fünf Jahre): Sie suchen nach Freiheit. Es stehen aufregende Veränderungen an, und Sie werden neue Menschen kennenlernen. Eine exzentrische Zeit mit Gelegenheiten für Reisen und neue Liebesbeziehungen.
EE: Sie wechseln Ideen und Interessen zu häufig.

F (sechs Jahre): Sie übernehmen Verantwortung. Diese Phase ist gut für finanzielle Dinge. Private Angelegenheiten treten in den Vordergrund. Romantische Interessen sind möglich.
FF: Sie tragen zuviel Verantwortung.

G (sieben Jahre): Von Zeit zu Zeit brauchen Sie die Einsamkeit, und Sie entwickeln die Tendenz zur Heimlichkeit. Um Ihre Finanzen steht es gut. Eine hervorragende Zeit, um zu studieren und zu forschen.
GG: Sie verbringen zuviel Zeit allein.

H (Acht Jahre): Eine gute Zeit, um Ihre geschäftlichen Aktivitäten auszudehnen. Die Finanzen tendieren nach oben. Unter Umständen überanstrengen Sie sich. Möglicherweise gelingt es Ihnen, unabhängig zu werden.
HH: Zu viel Ehrgeiz bei der Arbeit.

I (Neun Jahre): Eine Zeit der Gefühle. Es kann zu Nervosität und Wartezeiten und zu vielen Hochs und Tiefs kommen. Immer ergeben sich Möglichkeiten für die eigene Kreativität.
II: Sie haben Schwierigkeiten, Dinge anzugehen.

J (Ein Jahr): Bestimmte Dinge ändern sich. Die finanziellen Aussichten sind gut. Manchmal sind Sie unentschlossen.
JJ: Übersteigerte Aktivität führt zu Durcheinander.

K (zwei Jahre): Eine Phase spiritueller Inspirationen. Partnerschaften werden vertieft. Der Gesundheit müssen Sie besondere Aufmerksamkeit schenken. Es kommt zu ungewöhnlichen Ereignissen.
KK: Eine Zeit gefühlsmäßiger Sensibilität.

L (drei Jahre): Viele neue Freunde und soziale Ereignisse. Eine gute Zeit, um kreative Ziele zu verwirklichen. Über dem Amüsement können Chancen verloren gehen.
LL: Sie verlieren sich in Vergnügungen.

M (vier Jahre): Eine Zeit der Praxis und des Realismus. Sie müssen hart arbeiten. Die finanzielle Situation bessert sich langsam. Ihr Energieniveau ist niedrig.
MM: Sie sind überarbeitet und brauchen Ruhe.

N (fünf Jahre): Eine angenehme Periode voller aufregender Ereignisse. Reisen sind angesagt, viele Veränderungen werden möglich. Sie zeigen eine überdurchschnittliche Fähigkeit zur Anpassung. Die Finanzen fluktuieren.
NN: Extreme Unrast

O (sechs Jahre): Ein gute Phase, um zu lernen. Ihre häuslichen Pflichten haben Sie akzeptiert, Ihre Finanzen bessern sich. Eine ruhige gesicherte Periode.

OO: Sie werden von den Problemen anderer emotionell aufgezehrt.

P (sieben Jahre): Verstärkte intellektuelle Aktivität. Sie brauchen Zeit für sich allein. Wenn Sie vorsichtig sind, ist es eine gute Zeit fürs Geschäft.
PP: Manchmal sind Sie allzu einsiedlerisch.

Q (acht Jahre): Gute Finanzen und eine günstige Zeit für ungewöhnliche geschäftliche Aktivitäten. Eine Zeit der Exzentrizität – andere werden Sie mißverstehen.
QQ: Sie werden als verschroben eingeschätzt.

R (neun Jahre): Eine Zeit der Schöpferkraft und der Leidenschaft. Starker Ehrgeiz tritt zu Tage, es gibt viele Gefühle und viel Verwirrung. Wartezeiten ergeben sich.
RR: Eine schwierige Zeit, die von Beenden und Warten geprägt ist.

S (ein Jahr): Die Umstände ändern sich, es gibt Überraschungen. Die Gefühle gehen oft in die Höhe. Eine Zeit, in der Aktivität und Ehrgeiz eine Rolle spielen.
SS: Umschwünge werden wahrscheinlich.

T (zwei Jahre): Möglicherweise wechseln Sie Ihren Wohnort. Ihre Beziehungen florieren, Ihre Gesundheit erfordert Ihre Aufmerksamkeit. Sie sind wahrnehmungfähiger als sonst.
TT: Sie sind übermäßig angespannt.

U (drei Jahre): Eine schöpferische Periode. Sie machen angenehme Erfahrungen mit Gruppen. Ihr Finanzgebaren ist nicht sehr klug. Ihr Selbstvertrauen kann Unterstützung vertragen.
UU: Durcheinander

V (vier Jahre): Sie haben eine wichtige, praktische Sache angefangen. In dieser Phase verfügen Sie über eine bemerkenswerte persönliche Macht. Sie arbeiten hart, und möglicherweise winkt Ihnen ein ungewöhnlicher Erfolg.
VV: Ihre Pläne sind zu hochgesteckt und Sie arbeiten zuviel.

W: (fünf Jahre): Viele Veränderungen. Eine Zeit des Abenteuers. Sie müssen Ihre Gefühle im Griff behalten. Wahrscheinlich sind Sie viel unterwegs. Ihre Interessen wechseln schnell.
WW: Sie verzetteln Ihre Energie in allzuvielen Interessen.

X (sechs Jahre): Ihr Familienleben vertieft sich. Eine ungewöhnliche Zeit. Möglicherweise erhalten Sie öffentliche Anerkennung. Sie sind stark auf das Thema Romantik und Liebe konzentriert.
XX: Sie akzeptieren es, auf bestimmten Gebieten Opfer zu bringen.

Y (sieben Jahre): Sie müssen sich für eine Richtung entscheiden. Um Entscheidungen zu fällen, die Ihr ganzes Leben beeinflussen können, sollten Sie sich in die Einsamkeit begeben. Nach einer Zeit der Verwirrung stellt sich spirituelle Klarheit ein.
YY: Sie sind nicht fähig, konstruktiv zu handeln.

Z (acht Jahre): Gute finanzielle Aussichten, gesteigerte geschäftliche Kompetenz. Sie fühlen sich zu ungewöhnlichen und übersinnlichen Dingen hingezogen. Ihre häuslichen Verhältnisse entsprechen nicht der Norm.
ZZ: Die häusliche Situation ist schwierig.

Anmerkung: Ist der Buchstabe R zwei- oder mehrmals im selben Jahr in Kraft, kann es zu beträchtlichen Wartezeiten kommen, ähnliches gilt für den Buchstaben I. Wenn Sie in diesen Phasen anderen Menschen Mitgefühl und Liebe zeigen, wird das alle Schwierigkeiten mildern.

Die Ereigniszahlen

Die Ereigniszahlen stehen für die Essenz oder die wahrscheinliche Wechselwirkung der Durchgangsbuchstaben, die gerade in Kraft sind. Die Zahlenwerte dieser Buchstaben werden unter Benutzung der Quersummenbildung zusammengezählt. Ein Beispiel: A (Eins), R (Neun) und K (Zwei) ergeben die Ereigniszahl Drei. H (Acht) und X (Sieben) würden die Ereigniszahl Sechs ergeben. Durchgangszahlen und Ereigniszahlen werden im folgenden zusammen betrachtet.

Ereigniszahl Eins: Neuanfänge, eine unverbrauchte Richtung, eine Gelegenheit zum Neubeginn.
Ereigniszahl Zwei: Zusammenarbeit und Partnerschaft. Eine Zeit der Ruhe. Es besteht die Chance, Freundschaften zu schließen.
Ereigniszahl Drei: Freude kommt ins Leben. Eine glückliche, gesellige Periode. Möglichkeiten zu kreativer Betätigung.
Ereigniszahl Vier: Harte Arbeit und Selbstdisziplin, eine Phase der Praxis. Es bietet sich die Gelegenheit, etwas Stabiles aufzubauen beziehungsweise Wurzeln zu schlagen.
Ereigniszahl Fünf: Überraschende Veränderungen; Suche nach Freiheit; vertiefter Austausch mit anderen; die Chance, etwas Neues auszuprobieren.
Ereigniszahl Sechs: Sie übernehmen Verantwortung. Kreativität findet ihren Ausdruck; eine Gelegenheit, das eigene Leben in ein gutes Gleichgewicht zu bringen.
Ereigniszahl Sieben: Der Erwerb inneren Wissens. Lernen

und Meditation vertiefen sich. Eine Möglichkeit, Ihren spirituellen Weg zu entdecken. Unerwartete Siege.

Ereigniszahl Acht: Ziele werden erreichbar. Belohnungen kündigen sich an, falls Sie sie verdienen. Eine Gelegenheit, unabhängiger zu werden.

Ereigniszahl Neun: Eine Zeit des Gefühls. Etwas geht zu Ende. Eine Phase des Idealismus mit der Chance zu verstehen.

Die tägliche Vorhersage

Jetzt haben wir die wichtigsten Zahlen berechnet, die in der numerologischen Vorhersage benutzt werden. Es geht nicht darum, *eine* Zahl zu untersuchen, sondern die Wirkungen vieler Zahlen zu kombinieren.

Unsere Tage sind von Ereignissen und Gefühlen geprägt. In der Regel spiegeln unsere täglichen Zahlen diesen Sachverhalt wider. Gelegentlich wiederholt sich eine Zahl vielfach in einer Vorhersage. Das weist auf eine wichtige Phase hin: Die Eigenschaften dieser Zahl werden das vermutliche Ergebnis dieses Tages (oder Monats etc.) bestimmen.

Sie können die Schwingungen eines Tages schnell feststellen, indem Sie den universellen Tag berechnen. Dann finden Sie Ihre persönliche Tageszahl durch Addition der Zielzahl und der Zahl des universellen Tages. Die universelle Tageszahl zeigt Ihnen, welche Hilfe Sie von anderen bekommen können. Die persönliche Tageszahl zeigt Ihnen, was Sie tun können, um sich selbst zu helfen.

Ein Beispiel: Eine universelle Tageszahl Eins, eine persönliche Tageszahl Sieben. Das bedeutet eine gute Zeit für den Start neuer Projekte mit Hilfe von außen – es kann aber sein, daß Sie lieber Zeit allein verbringen und darüber nachdenken wollen, wie Sie Ihre Pläne beziehungsweise

Ihr Leben vervollkommnen können. Sollten Sie sich entschließen, aktiv zu werden, dann könnte der Erfolg Ihres Tuns auf materiellem Gebiet liegen (Eins und Sieben ist gleich Acht).

Für eine eingehendere Analyse müssen Sie Ihre gesamten Vorhersagezahlen niederschreiben. Fügen Sie die Zahl Ihres Lebenswegs als Leitlinie dazu. Hier ist ein bestimmter Tag im Leben eines Mannes mit der Fünf als Zahl des Lebenswegs:

Lebensweg: 5	Universeller Tag: 5
Zyklus: 7	Universeller Monat: 9
Zahl der Herausforderung: 5	Universelles Jahr: 3
Wendepunkt: 0	Durchgangsbuchstabe: S (1)
Persönliches Jahr: 6	Durchgangsbuchstabe: Z (8)
Persönlicher Monat: 3	Durchgangsbuchstabe: G (7)
Persönlicher Tag: 8	Ereigniszahl: 7

Auf den ersten Blick wirkt die Liste verwirrend. Die Schlüsselfrage ist, wie sich diese Zahlen auf die Zahl des Lebenswegs auswirken. Lebensweg und universeller Tag haben beide die Zahl Fünf. Das ist für diese Person ein hervorragender Tag, um ihre persönlichen Ziele zu verfolgen. Die Welt ist auf ihrer Seite. Ihr persönlicher Tag zeigt ihr, daß sie sich Ziele setzen oder um sie ringen muß (Fünf und Acht ist eine konfliktgeladene, aber dynamische Konstellation). Das ist ein Tag voller Zielbewußtsein.

Die folgenden subtilen Schwingungen beeinflussen das Leben dieses Menschen über längere Perioden hinweg: Die universellen Zahlen sind alle ungerade, harmonieren also mit der Zahl seines Lebenswegs, ebenso sein persönlicher Monat. Da sein persönliches Jahr unter der Sechs steht, ist es für ihn vermutlich kein leichtes Jahr – die Verantwortung und die Beschäftigung mit häuslichen Angelegenheiten (Sechs) passen nicht zu seinem Lebensweg unter der Fünf.

Die tiefe, geheimnisvolle Sieben ist gleichzeitig seine Zyklus- und seine Ereigniszahl: In dieser Phase wird er viel über seine persönlichen Motive nachdenken. Die Schwingung der Sieben wirkt beruhigend auf die Fünf – ihre Beziehung ist harmonisch. Unglücklicherweise steht im Rükken dieses Zyklus' als Zahl der Herausforderung die Fünf, so daß es diesem Menschen schwerer fallen wird als sonst, der Führung seines Lebenswegs zu folgen. Im Laufe seines Lebens wird er das überwinden. Die Periode ist geeignet für finanzielle Dinge (G und Z), und es wird in diesem Jahr wahrscheinlich eine Art überraschender Wende geben (S).

Insgesamt macht die Liste einen uneinheitlichen Eindruck. Dennoch ist es ein günstiger Monat für ihn, falls er Hilfe von außen benötigt (Lebensweg Fünf, universelles Jahr Drei, universeller Monat Neun – all diese Zahlen stehen in harmonischer Beziehung). Daß die Ereigniszahl Sieben in einem Zyklus mit der Zahl Sieben auftritt, weist darauf hin, daß das Geburtsjahr (also von Geburtstag zu Geburtstag) hier wichtig ist, wenn auch in einer Weise, die nicht auffällig nach außen dringt.

Glückszahlen

Viele Menschen haben eine Lieblings- oder Glückszahl. Oft wissen sie nicht, warum sie diese Zahl anzieht; manchmal ist es eine unbewußte Wahrnehmung dessen, was die Zahl repräsentiert. Es scheint verrückt zu sein, an eine »Glückszahl« zu glauben. »Bedeutend« würde die Wirkung dieser Zahl besser beschreiben, doch das Wort »Glück« vermittelt einen Eindruck der positiven Möglichkeiten, die sich auftun.

Die bedeutendste Schwingung, die auf Ihr Leben einwirkt, ist die Zahl Ihres Lebenswegs. Sie steht für den Tag Ihrer Geburt. Diese Energie ist die erste, die Sie umgab, als

Sie das Licht der Welt erblickten. Mit dieser Zahl sind Sie am vertrautesten. Sie zeigt Ihnen den Weg, der für Sie der leichteste ist, Ihre Richtung, Ihre Chancen und Ihre Gaben. Deshalb ist sie Ihre »Glücks«-zahl. Keine andere Zahl ist für Sie so wichtig. Egal, wann und wo diese Zahl in Ihrem Leben auftaucht – als universelle Tageszahl, als Namenszahl, als persönliche Jahreszahl und so weiter – sie symbolisiert Chancen, die Sie leichter nutzen können als jemand mit einer anderen Lebenswegszahl. Die Zahl Ihres Lebenswegs ist Ihre wichtigste Glückszahl.

Sie haben zwei andere Glückszahlen, deren Bedeutung allerdings etwas geringer ist: Ihre Geburtstagszahl nützt Ihnen in persönlichen oder Familienangelegenheiten. Die Zahl Ihres persönlichen Jahres können Sie während der zwölf Monate, in der sie in Kraft ist, wirkungsvoll in allen Dingen nutzen, die im Bereich dessen liegen, was diese Zahl symbolisiert.

Die folgende Liste zeigt Ihnen, welche Art von Unterstützung Ihnen *alle* Zahlen bei der Planung Ihres Lebens geben können.

Für Angelegenheiten der Psyche: 2, 7, 9
Für die Planung oder Ausführung von Grundlagen: 4
Für die Zusammenarbeit in Teams: 2, 4, 6
Für Eheschließung: 2, 6
Für ein neues Zuhause: 4, 6
Für Energie zum Arbeiten: 4
Für Forschung: 1, 5, 7
Für Gartenarbeit: 4
Für geschäftlichen Erfolg: 1, 4, 8
Für gesundes Leben im Gleichgewicht: 6
Für Häuslichkeit: 2, 6
Für idealistische, dramatische und romantische Fragen: 9
Für künstlerische Angelegenheiten: 3, 6, 9
Für Liebe: 2, 6

Für literarische Vorhaben: 3, 5, 6, 9
Für musikalische Vorhaben: 2, 3, 6, 9
Für öffentliche Anerkennung: 1, 2, 3, 5, 8, 9
Für Partnerschaften: 2, 6
Für Reisen: 3, 5, 7, 9
Für religiöse Rituale: 7, 9
Für selbständige Tätigkeiten: 1, 5, 7, 9
Für sexuellen Ausdruck: 3, 5
Für Spaß und Lachen 3, 5
Für Sportveranstaltungen: 4, 5, 8, 9
Für Übernahme von Verantwortung: 6
Für Verkaufstätigkeiten: 5
Für von Ihnen entwickelte Vorhaben: 1, 5
Um allein zu sein: 7
Um Anweisungen zu befolgen: 2
Um etwas zu beenden: 9
Um etwas zu beginnen: 1, 5
Um Freiheit zu suchen: 1, 5, 7, 9
Um freiwillige Hilfe anzuziehen: 7
Um Freundschaften zu schließen: 3, 5
Um Freundschaften zu vertiefen: 2, 6
Um Geld anzuziehen: 3, 9
Um Glück anzuziehen: 3 (oder die Zahl ihres Lebenswegs)
Um mit Geld umzugehen: 4, 8
Um öffentliches Interesse zu erregen: 5
Um sein/ihr Glück zu machen: 1
Um Spiritualität zu entwickeln: 2, 7, 9
Um unabhängig zu werden: 1, 5, 7, 8, 9
Um Vermögen zu erhalten: 7
Um zu bekommen, was man verdient: 8

Das vollständige
numerologische Profil

Leben heißt nicht, gute Karten zu haben, sondern die, die man hat, gut auszuspielen.

Josh Billings

Jetzt haben Sie sämtliche für Sie bedeutende Zahlen ermittelt. Vielleicht ergibt sich ein komplexes Muster. Nicht jeder ist einfach eine »Zwei« oder eine »Sechs«, genauso wie nicht jeder oder jede einfach Stier oder Löwe ist. Möglicherweise wird Ihre Tafel von einer oder zwei Zahlen dominiert. Das macht die Analyse einfacher.

Nehmen Sie alle Ihre Zahlen und machen Sie eine Liste in dieser Reihenfolge:

1. Lebensweg
2. Geburtstafel
3. Linien auf der Geburtstafel
4. Geburtstagszahl
5. Zielzahl
6. Vokalzahl
7. Konsonantenzahl
8. Namenszahl
9. Kraftzahl
10. Vornamenszahl

11. Erster Buchstabe
12. Erster Vokal
13. Mittlerer Buchstabe
14. Letzter Buchstabe
15. Intensive Zahl
16. Fehlende Zahlen
17. Namenstafel
18. Zahl der verborgenen Eigenschaft
19: Temperamentstafel

Beginnen Sie mit Ihrer ersten Zahl (der des Lebenswegs) und arbeiten Sie sich durch die Liste hindurch (bei Bedarf konsultieren Sie die Tafeln). Analysieren Sie so Ihre Stärken und Schwächen. Es ist wichtig, daß Sie alle Zahlen auf ihre Wechselwirkung zur Lebenswegszahl hin untersuchen. Haben Sie eine leichte oder eine schwierige Tafel? Welche Bereiche erfordern mehr Aufmerksamkeit? Die Arbeit mit Ihren Zahlen vertieft Ihre Selbstwahrnehmung.

Unter Umständen ziehen Sie es vor, nur die wichtigsten Zahlen in Ihre Liste aufzunehmen (entsprechend der Liste auf Seite 122). Das kann das Durcheinander verringern. Diese wichtigsten Zahlen sind: die Zahl des Lebenswegs, die Geburtstagszahl, die Zielzahl, die Namenszahl, die Vokal- und die Konsonantenzahl, die Vornamenszahl, die Kraftzahl, der erste Buchstabe, der erste Vokal und die intensive Zahl.

Nach der Betrachtung dieser Zahlen können Sie die Trends Ihres Lebens vorhersagen, indem Sie eine Liste mit Ihren für die Vorhersage relevanten Zahlen anlegen. Das sind die Zahl Ihres derzeitigen Zyklus, die Zahl der Herausforderung, der Wendepunkt (falls derzeit in Kraft), das universelle Jahr, der universelle Monat, der universelle Tag, das persönliche Jahr, der persönliche Monat, der persönliche Tag, die Durchgangsbuchstaben und die derzeitige Ereigniszahl.

Die Zahl der Herausforderung steht eher für eine psychische Einstellung als für eine Gelegenheit oder einen Trend. Dennoch wird sie üblicherweise zu den Zahlen für die Vorhersage gezählt. Das liegt daran, daß sie sich für die meisten Menschen im Laufe des Lebens ändert.

Als Beispiel werden wir jetzt die Zahlen einer Hollywoodlegende betrachten: Marilyn Monroe. Sie wurde am 1. Juni 1926 geboren ($1 + 6 + 1 + 9 + 2 + 6 = 25 = 2 + 5 = 7$). Ihr Geburtsdatum, der Name, den sie annahm – Marilyn Monroe – und die Daten auf ihrer Geburtsurkunde sind unter ihren zahlreichen Biographen unumstritten. Wir werden unsere Analyse auf diese drei Fakten konzentrieren.

Das numerologische Profil von Marilyn Monroe

Lebensweg Sieben

Sie war eine Individualistin, die jeden Tag Zeit für sich benötigte, und eine Perfektionistin, die nicht gern einen Rat akzeptierte. Die Sieben lernt aus Erfahrung und macht ihre eigenen Fehler. Sie arbeitet nicht gern im Team. Den Menschen, die sie kannten, war dieser Hang zur Einsamkeit bekannt. Viele Biographien weisen darauf hin. Sie sagte einmal: »Ich wünschte, ich wäre etwas geselliger als ich bin.« Als Kind neigte sie oft dazu, sich in sich selbst zurückzuziehen. Wenn sie in ihrem späteren Leben an Filmszenen arbeitete, hielten sie viele für einen »natürlichen Einzelgänger«.

Das ist eine gute Beschreibung eines Menschen mit der Sieben als Zahl des Lebenswegs, aber es hat wenig mit ihrem Image in der Öffentlichkeit zu tun: die unterhaltsame, dumme Blondine. Ihr Image spiegelt sich aber (exakt) in ihrer Konsonantenzahl wieder (siehe unten).

	6 6	9
2		
1 1		

Marilyn Monroes Geburtstafel

Die Zahlen auf der Geburtstafel

Zwei Einser: Ausdrucksstark. Eine wirkungsvolle Konstellation für Arbeit in der Öffentlichkeit.

Eine Zwei: gute Auffassungsfähigkeit und gefühlsmäßig sensibel.

Die Drei fehlt: Angst vor kreativer Expressivität.

Die Vier fehlt: Fehlender Sinn für praktische Dinge, sorgloser Umgang mit Details.

Die Fünf fehlt: Bedürfnis nach Motivation von außen.

Zwei Sechser: Schöpferisch, harmonisch. Das Zuhause war wichtig: Sie war ein Pflegekind, das ein sicheres häusliches Umfeld brauchte. Das war ein bleibendes Bedürfnis, das mit der Sieben als Zahl des Lebenswegs in Konflikt steht, denn die Sieben ist keine häusliche Zahl. In ihrem Leben treten also sich widersprechende Bedürfnisse in bezug auf ihr Zuhause auf.

Die Sieben fehlt: Abneigung gegen das Alleinsein – diese wird durch die Sieben ihres Lebenswegs aufgehoben.

Die Acht fehlt: Sorglosigkeit und Trägheit in Organisationsfragen.

Eine Neun: Sie hat wenig Bedeutung. Sie steht für einen Idealismus, den alle Menschen haben, die in diesem Jahrhundert geboren wurden.

Linien auf der Geburtstafel

Es fehlen die Drei, die Fünf und die Sieben: Das fördert eine nervöse Veranlagung. Sie dürfte entweder extrem skeptisch oder stets offen für neue Ideen gewesen sein.

Geburtstagszahl Eins

Führungskraft, verbunden mit der Abneigung, Befehle entgegenzunehmen. Originelle Menschen. Zusammen mit der Sieben ihres Lebenswegs ergab das eine starke individualistische Veranlagung. Ihr Leben wurde von ihren eigenen Vorstellungen und Bedürfnissen beherrscht.

Zielzahl Sieben

Sie versuchte, sich selbst kennenzulernen, um mit sich auskommen zu können, wenn sie allein war. Die Sieben, die Eins und noch einmal die Sieben waren ihre wichtigsten Geburtszahlen – eine Konstellation, die eine kraftvolle individuelle Existenz schuf. Sie war ein Mensch, der keine Ratschläge akzeptierte. Die Sieben ist keineswegs immer eine einfache Zahl. Siebener machen sich die Dinge manchmal unnötig kompliziert, und es gibt Zeiten, in denen sie alles opfern, um ihren eigenen Weg gehen zu können. Geht man nach ihren Geburtszahlen, dann war sie nicht leicht zu manipulieren. Sie wußte, was sie wollte.

Die Namenstafel

In der Schülerliste ihrer Schule war Marilyn Monroe unter dem Namen Norma Jean Baker eingetragen. *Wahrscheinlich* ist das die Version, die sie benutzte, bis sie mit sechzehn ihren ersten Ehemann, Jim Dougherty, heiratete. In bezug auf ihre verschiedenen Namen herrscht Verwirrung. Biographen der neueren Zeit haben sich dafür entschieden, Jean mit einem zusätzlichen »e« zu schreiben (Jeane). Sie schrieb ihren Namen manchmal selbst so, und es ist die korrekte Schreibung, die sich auf ihrer Geburtsurkunde findet. Die Frage, welchen Namen sie regelmäßig benutzte, ist umstritten. Es gibt mindestens acht, vielleicht sogar zehn Namen, die sie zu unterschiedlichen Zeitpunkten verwendete. Als sie für den berühmten Aktkalender posierte, tat sie das unter dem Namen Mona Monroe. Mit dem Namen Marilyn Monroe schüttelte sie ihre Vergangenheit ab. Deshalb ist das der Name, den wir untersuchen werden.

Vokalzahl Sieben

Das ist eine vollkommene Ergänzung zu der Sieben ihres Lebenswegs. Sie war jemand, der die Möglichkeiten ihres

Lebenswegs willkommen hieß. Dadurch verstärkt sich auch das Bedürfnis nach Zurückgezogenheit, das sich in ihren Geburtszahlen widerspiegelt. Ihre Gedanken und ihre wirklichen Bedürfnisse behielt sie für sich. Die Sieben hat tiefe emotionale Bedürfnisse, aber es fällt ihr schwer, sie anderen Menschen mitzuteilen. Diese Zahl vertieft die Entwicklung der Intuition. Sie muß die Erlebnisse auskosten, die das Leben zu bieten hat. Alle Erfahrungen müssen aus erster Hand sein – selbst die unangenehmen.

Konsonantenzahl Drei

Ihr Auftreten in der Öffentlichkeit wich ab von den Zahlen, die wir bisher analysiert haben. Hier finden wir die strahlende, sprühende Entertainerin der Drei. Jemand, der gesellig ist – das Herz jeder Party – ein Mensch, der auf den ersten Blick Spaß, Glücklichsein und Freude vermittelt. Das war das Image, das sie in der Öffentlichkeit hinterließ. Die Drei weicht zwar von der Sieben des Lebenswegs ab, da sie aber beide ungerade Zahlen sind, stehen sie in einer harmonischen Beziehung.

Namenszahl Eins

Der Name Marilyn Monroe harmoniert mit der Sieben ihres Lebenswegs. Außerdem bildet er mit Vokal- und Konsonantenzahl eine positive Konstellation. Unter dem Namen Marilyn Monroe gestaltete sie ihre Beziehungen zu anderen Menschen aus der Position eines Führers heraus. Sie beschritt ihren Lebensweg in einer eigenwilligen Weise. Entschlossenheit stand hinter all ihren Unternehmungen. Die Streßzahl ihres Lebens (also die Sieben des Lebenswegs und die Eins der Namenszahl voneinander abgezogen = Sechs) zeigte sich in ihrem Privatleben beziehungsweise in ihrem Zuhause: eine Spannung, die auch zwischen der Zahl ihres Lebenswegs und den beiden Sechsen auf ihrer Geburtstafel auftrat. Es gelang ihr kaum, ein harmonisches Privatleben aufrechtzuerhalten. Das belegen auch ihre drei Ehen. Außerdem wird diese Spannung noch durch die Eins ihres Geburtstags verstärkt – noch eine Zahl, die ein gespaltenes Verhältnis zur Häuslichkeit hat.

Kraftzahl Acht

Die Sieben ihres Lebenswegs und die Namenszahl Eins ergeben zusammen die Acht. Eine kraftgeladene Dreierkonstellation: Ehrgeiz, Originalität, Individualität und Zielbewußtsein kombiniert. Üblicherweise manifestiert sich diese Zahl im unerschrockenen Streben nach beruflichem Erfolg. Wenn wir einen Moment lang die Quersummenbildung außer acht lassen, kommen wir auf eine Lebenswegszahl von Fünfundzwanzig und eine Namenszahl von Dreiundsiebzig. Addieren wir diese beiden Zahlen (immer noch ohne Quersummenbildung) so erhalten wir die Kraftzahl Achtundneunzig. Die englischen Worte *Film Star* und *renowned* (berühmt) ergeben in ihrer Summe ebenfalls diese Zahl. Das war die Macht, die sie durch die Annahme des Namens Marilyn Monroe leichter erreichen konnte. Der Perfektionismus ihres Siebener-Lebenswegs versetzte sie in die Lage, ihre schauspielerischen Fähigkeiten durch ein intensives Studium der »methodischen« Schule zu verbessern. Die Sieben in ihr war durch materiellen Erfolg allein nicht zufriedenzustellen.

Die Vornamenszahl Zwei

In ihrem privaten Leben suchte sie nach einem Partner oder einem Gefährten. Unter Umständen empfand sie es als problematisch, daß ihre wahren Bedürfnisse nach Selbsterforschung und Einsamkeit dadurch unterdrückt wurden. Zwischen den privaten und den öffentlichen Aspekten ihres Namens liegt ein himmelweiter Unterschied.

Der erste Buchstabe M (Vier)
Er verstärkt eine praktische Ader, Integrität und Stimmungsschwankungen. Der Wunsch nach Liebe und aufregenden Erlebnissen wird deutlich.

Der erste Vokal A (Eins)
Ihre erste emotionelle Reaktion war offensiv. Sie ergriff die Initiative, um ihren Bedürfnissen Geltung zu verschaffen.

Der mittlere Buchstabe I (Neun)
Es war möglich, daß sie von romantischen und dramatischen Gefühlen überwältigt wurde.

Der letzte Buchstabe N (Neun)
Ihre Angelegenheiten endeten oft auf unvorhersagbare Weise. Sie hatte das Bedürfnis nach Veränderung.

Zwei intensive Zahlen: Fünf und Neun
Die stärksten Zahlen in dem Namen Marilyn Monroe sind die Neun – Mitgefühl, Romantik, Idealismus – und die Fünf – Kommunikation, die Suche nach Freiheit und Veränderung sowie Sexualität.

Die fehlenden Zahlen: Zwei und Acht
Die Zwei findet sich auf ihrer Geburtstafel und fällt daher nicht ins Gewicht. Die Acht hatte sie als Kraftzahl. Das half ihr, gewisse organisatorische Fähigkeiten und eine Nase fürs Finanzielle zu entwickeln. Die Drei und die Sieben, die beide auf ihrer Geburtstafel fehlen, sind in ihrem Namen enthalten.

Marilyn Monroes Namenstafel stellt eine gute Ergänzung und ein Gegengewicht zu ihrer Geburtstafel dar. Das können Sie selbst nachprüfen. Die Acht fehlt zwar immer noch, aber sie taucht ja als ihre Kraftzahl auf.

Die verborgene Eigenschaft Vier

Dieser Name trug dazu bei, bei Bedarf einen Sinn fürs Praktische ins Spiel zu bringen.

Die Temperamentstafel

Verstandeszahl Vier: Der Name fördert logisches Denken.
Körperzahl Drei: Sie begegnete dem Leben in künstlerischer Manier.
Gefühlszahl Fünf: Begünstigt gefühlsmäßige Veränderungen.
Intuitionszahl Eins: Ideen pflegten plötzlich und kreativ aufzutreten.

Im Sektor der Starter finden sich viele Buchstaben, das bedeutet also, daß es ihr leicht fiel, Dinge zu beginnen, und sie keine Schwierigkeiten hatte, sie fortzuführen. Vielleicht war es manchmal nötig, härter um den Abschluß von Projekten zu kämpfen.

Zusammenfassung

In ihren ersten sechzehn Lebensjahren war Norma Jean (ohne e) Baker der Name, den sie benutzte und unter dem die Leute sie kannten. Zwei ihrer Ehemänner schrieben ihren Namen »Norma Jean«. Das war auch der Name, der auf ihrer ersten Hochzeitseinladung stand. Und es war der Name, den die Frau verwendete, die sich während Norma Jeans ersten acht Lebensjahren um sie kümmerte. Wir gehen im folgenden davon aus, daß sie (die meiste Zeit) unter diesem Namen bekannt war, bis sie mit sechzehn bei ihrer Heirat einen neuen Namen annahm. »Marilyn Monroe« entstand vier Jahre später. Wir werden jetzt kurz die Namen Norma Jean Baker und Marilyn Monroe miteinander vergleichen.

Bei der Betrachtung ihrer wichtigen Zahlen (entsprechend der auf Seite 122 vorgeschlagenen Liste) sehen wir, daß die intensive Zahl des Namens Norma Jean Baker die

Eins ist (5x), die Fünf und die Sieben treten je zweimal auf. Da die Sieben die Zahl ihres Lebenswegs ist, waren Eins und Sieben ihre bedeutendsten Zahlen. Angesichts so vieler Einser wäre es für sie schwierig geworden, die Eigenschaften ihrer Geburtstagszahl, der Eins, nicht allzusehr auf Kosten der Sieben ihres Lebenswegs zu betonen.

Durch den Namen Marilyn Monroe entsteht ein besseres Gleichgewicht zwischen ihren bedeutenden Zahlen. Am häufigsten treten die Eins und die Sieben auf (beide je dreimal). Jede Zahl tritt einmal auf, mit Ausnahme der Sechs. Und obwohl die Eins und die Sieben gleich oft zu finden sind, zählt die Zahl des Lebenswegs zu den Siebenern. Damit wird die Sieben ihre stärkste Zahl. Das ist ein glückliches Zusammentreffen.

Die Frau, die am 1. Juni 1926 geboren wurde, lebte mit dem Namen Marilyn Monroe besser als mit dem Namen Norma Jean Baker. Ihr eigener freier Wille hat entschieden, wie sie schließlich in ihrem Leben gehandelt hat, aber der Namenswechsel hat es ihr leichter gemacht, ihren wahren Wünschen zu folgen.

Die Vorhersagezahlen

Für die Durchgangsbuchstaben und die Ereigniszahlen benutzen wir den Namen, der auf ihrer Geburtsurkunde steht: Baby Norma Jeane Mortenson. Obwohl es unnötig war, das Wort *Baby* hinzuzufügen, wurde es eingetragen. Manche Numerologen würden das für göttliche Fügung halten. Der Name ihrer Mutter – Mortensen – schreibt sich eigentlich anders (e statt o als letzter Vokal) als die Version, die offiziell auf der Geburtsurkunde festgehalten wurde. Es wird aber immer diese offizielle Version benutzt – mit allen Fehlern und zusätzlichen Worten.

Die sich daraus ergebende Tafel zeigt ein verwirrendes Bild. Doch wie als Symbol ist ihre erste Zykluszahl die Drei: das Zeichen einer Entertainerin.

In ihrem ganzen Leben hatte sie nur drei Jahre lang keinen Durchgangsbuchstaben mit dem Zahlenwert Fünf. Die Fünf, die Zahl von Kommunikation und Freiheit, die auch oft mit Sexualität gleichgesetzt wird, war dreiunddreißig ihrer sechsunddreißig Lebensjahre lang in Kraft. Die Zahl ihrer ersten Herausforderung erweist sich ebenfalls als eine Fünf. Das Leben brachte ihr nicht nur unablässig Gelegenheiten, die in Beziehung zu ihren fünf Sinnen standen, sie mußte auch bis zu ihrem neunundzwanzigsten Lebensjahr mit den sich daduch ergebenden Problemen fertigwerden. Menschen, bei denen die Fünf dominiert, provozieren oft Ereignisse, die mit ihrer (wenn auch unbewußten) Sexualität zu tun haben.

Ihr erster Zyklus (bis zum Alter von neunundzwanzig Jahren) stand unter der Sechs. Hier muß das Bedürfnis nach einem sicheren Heim allgegenwärtig gewesen sein. Sie wuchs in verschiedenen Pflegefamilien und einem Waisenhaus auf (etwas, das sich *nicht* mit Hilfe der Numerologie vorhersagen läßt). Der Zyklus unter der Sechs verursachte zwar eine Sehnsucht nach »häuslichem Glück«, geriet aber in Konflikt mit den Einsern und den Siebenern ihrer Tafel. Die Sieben ihres Lebenswegs steht für einen Menschen, der im Grunde ein Einzelgänger ist, egal, was die anderen Zahlen sagen. Die anderen Zahlen von Marilyn Monroe stützen den Individualismus der Sieben und den Führungsanspruch der Eins.

Ihre Vohersagetafel ist nicht besonders leicht zu interpretieren. Vierundzwanzig Jahre ihres Lebens waren zwei oder mehr identische Durchgangsbuchstaben in Kraft. Das kann einen zu starken Effekt bewirken und die negativen Eigenschaften der entsprechenden Zahlen an die Oberfläche bringen.

In jugendlichem Alter heiratete sie Jim Dougherty, den Sohn eines Nachbarn. Das geschah während eines persönlichen Jahres unter der Fünf. Man könnte darüber spekulieren, ob das für sie ein Weg war, um frei zu werden. Sie hatte eine Sieben als Ereigniszahl, die Zahl des universellen Jahres war ebenfalls die Sieben, und sie war sechzehn Jahre alt – nach der Quersummenbildung ist das ebenfalls eine Sieben. Die Sieben ihres Lebenswegs erscheint immer wieder an entscheidenden Stellen ihres Lebens. Vier Jahre später, während eines persönlichen Jahres unter der Neun (Abschlüsse) ließ sie sich in Las Vegas von Jim Dougherty scheiden.

Der wichtigste Tag ihres Lebens war der 16. Juli 1946. Sie betrat das Büro von Ben Lyon, dem obersten Talentsucher der Twentieth Century-Fox. Es wird berichtet, daß er sie ansah und sagte: »Schätzchen, du bist im Filmgeschäft.«

Der Tag war der Sechzehnte – eine Sieben, der Monat war Juli – eine Sieben, der universelle Tag (16.7.1946) war eine Sieben, ihre persönliche Monatszahl war eine Sieben. Ihre Glückszahl wiederholte sich viermal, in Verbindung mit der Neun, die das Ende ihres alten Lebens repräsentierte: Ihre persönliche Jahreszahl war die Neun, ihre Ereigniszahl war die Neun, und die universelle Monatszahl war die Neun. Viermal die Sieben und dreimal die Neun, kombiniert mit dem Freiheitsstreben der Fünf, ihrer persönlichen Tageszahl. Innerhalb von vierzehn Tagen hatte sie einen Filmvertrag mit sieben Jahren Laufzeit, einen neuen Namen, ein neues Image und ein neues Leben. Sie war auf dem Weg, ein Filmstar zu werden – ein Wort, das ihrer neuen Kraftzahl entspricht. Sie wurde Marilyn Monroe.

Aus dem Film *The Seven Year Itch* (dt. Das verflixte siebte Jahr), den man mit Recht als ihren berühmtesten bezeichnen kann, stammt ihr bekanntestes Bild: Sie steht auf dem Gitter eines Luftschachts am Bürgersteig, und ihr weißes Kleid wogt um ihre Taille. Die Zahlenwerte des Filmtitels ergeben nach der Quersummenbildung ebenfalls eine Sieben. Die Produktion des Films endete an einem universellen Tag unter der Sieben, und die Premiere fand statt, kurz nachdem ihr erster Wendepunkt – ebenfalls eine Sieben – in Kraft getreten war.

Kurz noch einige andere bedeutende Ereignisse: 1953 erhielt sie die *Photoplay Gold Medal*, damals ein renommierter Preis. Sie hatte ein persönliches Jahr unter der Sieben und eine Sieben als gültige Ereigniszahl.

Im Alter von siebenundzwanzig gründete sie ihre eigene Produktionsgesellschaft. Es war das gleiche persönliche Jahr unter der Sieben, jetzt aber mit einer Acht als gültiger Ereigniszahl: Acht, die natürliche Zahl der Verwaltungs- und Geschäftswelt.

1956, nach einem Streit mit dem berüchtigten Studiosystem, kehrte sie zu ihren eigenen Bedingungen zurück. Inzwischen war sie eine mächtige Person, die über einen eindrucksvollen Vertrag verfügte. Sie befand sich in einem persönlichen Jahr unter der Eins (Neuanfänge) und darüber hinaus auch am Beginn eines Einserzyklus. Die Ereigniszahl Vier erweckt den Eindruck einer Begrenzung, aber dahinter steht die mächtige Zahl Zweiundzwanzig (diese Zahl gilt als eine Meisterzahl und steht für souveräne Erfolge). Zusätzlich war nun ihr erster Wendepunkt aktiv – eine Sieben.

Im Juni desselben Jahres heiratete sie den Theaterautor Arthur Miller, der ebenfalls die Sieben als Zahl des Lebenswegs hatte. Später soll der verstorbene Präsident Kennedy ihr Freund gewesen sein – noch eine Person mit der Sieben als Lebenswegszahl.

Sie starb während eines persönlichen Jahres mit der Zahl Sieben im Alter von sechsunddreißig Jahren unter mysteriösen Umständen (das Wort »mysteriös« wird oft mit der Zahl Sieben assoziiert). Die Polizei erhielt die Nachricht von ihrem Tod in den Morgenstunden des 5. August 1962. Es ist eine faszinierende Tatsache, daß ihre Großmutter, Della Hogan Monroe, fünfunddreißig Jahre früher (7 x 5) am vierten August 1927 – einem universellen Tag unter der Vier – in eine Einrichtung für Geisteskranke eingewiesen wurde. Marilyn starb an einem universellen Tag mit der Vier, und die Ereigniszahl, die in Kraft war, war ebenfalls eine Vier. Die Numerologie ist nicht fähig, den Tod vorherzusagen. Die Fünf des Kalendertags scheint als Zahl besser passend für den Abschied einer »Sexgöttin«.

Meisterzahlen

Wir haben nun die Grundstrukturen der herkömmlichen Numerologie betrachtet, in der die Quersummenbildung immer angewendet wird. Aber auch die Zahlen, die sich hinter den Endziffern verbergen sind von Bedeutung, und Sie werden bei ihrer Betrachtung immer auf nützliche Informationen stoßen. Ein Beispiel: Steht eine Einunddreißig hinter einer Vier, dann weist das auf eine kreativere Vier hin (durch den Einfluß der Drei) als bei einer Vier, hinter der eine Vierzig steht.

Verwendet man die vollen Zahlen des Alphabets, um den Zahlenwert eines Wortes herauszufinden (z.B. würde das englische Wort LOVE folgende Zahlen ergeben: $12 + 15 + 22 + 5 = 54$) so enthüllt das Informationen, die verloren gingen, würde man ausschließlich mit der Quersummenbildung arbeiten. Das ist ein aufschlußreiches Gebiet. Vielleicht wollen Sie es weiterverfolgen.

Manche Numerologen verwenden die Quersummenbildung nicht, wenn es sich bei der Zahl um eine Meisterzahl handelt. Die Meisterzahlen sind: 11, 22, 33, 44, 55, 66, 77, 88, 99. Normalerweise berücksichtigen die Benutzer von Meisterzahlen nur die Elf und die Zweiundzwanzig und reduzieren den Rest mit Hilfe der Quersummenbildung auf jeweils eine Ziffer. Die Meisterzahlen sollen nach traditioneller Meinung mehr kraftvolle Schwingungen enthalten als andere Zahlen. Hier sind ihre Bedeutungen:

11: Inspiriert und spirituell oder fanatisch und unehrlich.
22: Der Überflieger oder der Spitzengauner.
33: Schöpferisch und verantwortungsbewußt oder Märtyrer.
44: Materiell erfolgreich oder destruktiv und überarbeitet.
55: Energie und Intelligenz oder extreme Unrast.
66: Harmonie und Kunst oder schulmeisterlich und aufdringlich.
77: Geheimnis und Originalität oder Zaudern und Verträumtheit.
88: Ehrgeiz und Menschenfreundlichkeit oder Gier und Rücksichtslosigkeit.
99: Idealistischer Führer oder zerstörerischer Tyrann.

Glücksfarben

Viele Bücher über Numerologie listen zu den verschiedenen Zahlen Glücksfarben auf. Die Zuordnung der Farben variiert mit dem Buch, das Sie gerade lesen. Das liegt am Autor und an der Tradition, aus der heraus er schreibt.

Die folgende Auswahl von Farben für die Zahlen des Lebenswegs basiert auf der allgemein akzeptierten Wirkung der verschiedenen Farben. Diese Liste ist nicht unfehlbar. Wenn Sie ein praktischer Mensch werden, also die Eigenschaften der Vier aktivieren wollen und Rot für Sie die Farbe des Praktischen ist, dann vergessen Sie diese Liste und tragen Sie Rot. Das folgende ist nur eine Richtlinie.

Eins: Rot für Mut. Orange für Aktivität. Gold für Führungskraft. Gelbgrün für Veränderung.

Zwei: Rosa für Liebe. Hellblau für Frieden. Violett für Inspiration. Grau für die Liebe zum Detail.
Drei: Rot für Anziehung. Kastanienbraun für Vergnügen. Gelb für Freude. Violett für Kreativität.
Vier: Orange für Aktivität. Braun für Sicherheit. Dunkelblau für Selbstvertrauen. Grau für praktischen Sinn.
Fünf: Kastanienbraun für Sinnlichkeit. Gelb für Kommunikation. Gelbgrün für Veränderung. Hellblau für Freiheit.
Sechs: Rosa für Liebe. Blau für Gelassenheit. Grün für Gleichgewicht. Violett für Kreativität.
Sieben: Weiß für Individualität. Hellblau für analytisches Denken. Dunkelblau für Intellektualität. Indigoblau für Intuition.
Acht: Rot für Ehrgeiz. Orange für Aktivität. Dunkelblau für Selbstvertrauen. Schwarz für Autorität.
Neun: Rosa für Liebe. Rot für Idealismus. Violett für Kreativität. Purpurrot für Spiritualität.

Wenn wir unsere Motive und unsere Sehnsüchte verstehen, gibt uns das ein Gleichgewicht, mit dem wir unser Leben zu größerer Erfüllung führen können. Numerologie ist ein in der Tradition verankertes System, das dazu beitragen kann. Es gibt auch andere. Ich hoffe, daß das Wissen, das in den Zahlen verborgen ist, Ihnen einen Schlüssel gibt, mit dem Sie viele Türen öffnen können.

Die folgende Bibliographie enthält viele gute Bücher. Die folgenden fünf möchte ich Ihnen besonders ans Herz legen: der traditionelle Klassiker *Your Days are Numbered* von Florence Campbell; das ausgezeichnete *Secrets of the Inner Self* von Dr. David A. Phillips und *Numerology: Key to the Tarot* von Sandor Konraad. Julia Lines *Arbeitsbuch der Numerologie* ist umfassender als die meisten anderen Bücher. Shirley Blackwell Lawrences *Behind Numerology* verschafft dem Leser einen Einblick in das Gebiet der Wortanalyse.

Numerologie ist die Analyse Ihres Lebens mit Hilfe von Zahlen. Es liegt an Ihnen, welchen Gebrauch Sie davon machen. Ich wünsche Ihnen, daß Ihre Berechnungen korrekt und Ihre Zahlen günstig sind.

Weiterführende Literatur

Anderson, Mary: *Einführung in die Numerologie: Die geheime Kraft der Zahlen*, Basel, 1991

Balliet, Dow L.: *Number Vibration in Question & Answer*, Sun Publications, 1983

Balliet, Dow L.: *The Philosophy of Numbers, Their Tone & Colours*, Mokelumne, 1969

Balliet, Dow L.: *Natures Symphony: Lessons in Number Vibration*, Mokelumne, 1968

Bek, Lilla und Robert Holden: *Lebenszahlen, Lebenszyklen: die verborgene Bedeutung der Zahlen für unser Leben*, München, 1993

Bernstein, Henrietta: *Cabalah Primer*, DeVorss & Co, Marina Del Rey, 1984

Blackwell Lawrence, Shirley: *Behind Numerology*, Newcastle Publishing Co, North Hollywood, 1989

Buess, Lynn: *Zahlen als Schlüssel zum Selbst: Numerologie für das neue Zeitalter*, Freiburg i. Brsg., 1993

Campbell, Florence: *Your Days are Numbered*, DeVorss & Co, Marina Del Rey, 1987

Cheiro: *Das Buch der Zahlen: Das klassische Werk der mantischen Numerologie*, Freiburg i. Brsg., 1994

Eisen, William: *The Cabalah of Astrology*, DeVorss & Co, Marina Del Rey, 1986

Hitchcock, Helyn: *Zahlen, die Ihnen Glück bringen*, München 1990

Huffman, Carl A.: *Philolaus of Croton, Pythagorean and Presocratic*, Cambridge, 1993

Javane, Faith und Dusty Bunker: *Zahlenmystik: Das Handbuch der Numerologie*, München 1991

Johari, Harish: *Numerologie in Verbindung mit Tantra, Ayurveda und Astrologie: Ein Schlüssel zum Verständnis menschlicher Verhaltensweisen*, Basel, 1994

Konraad, Sandor: *Numerology: Key to the Tarot*, Whitford Press, West Chester, 1983

Le Gette, Bernard Spencer: *Numera; The Craft of Numerology*, Pan Books, London, 1976

Line, Julia: *Arbeitsbuch der Numerologie: Die Wirkung der Zahlen verstehen und nutzen*, München 1991

Line, Julia und David: *Liebe und Schicksal aus den Zahlen gedeutet*, München, 1987

Maeterlinck, Maurice: *Der blaue Vogel – Ein Märchenspiel in fünf Aufzügen und zwölf Bildern*, Berlin, 1910

Nietzsche, Friedrich: *Menschliches, Allzumenschliches*, Bd. 1, Berlin, 1967

Phillips, Dr David A.: *Secrets of the Inner Self*, Angus & Robertson, Australia & London, 1981

Seton, Julia: *Symbols of Numerology*, Newcastle Pub. Co

Seton, Julia: *Your Aura and Your Keynote*, facsim. of 1912, Soc. of Metaphysicians

Shakespeare, William: *Hamlet – Shakespeares dramatische Werke übersetzt von Wilhelm Schlegel und Dorothea Tieck*, Bd. 4., Berlin, 1854

Simpson, Jean: *Deine Glückszahl – Dein Schicksal: Liebe und Schicksal aus Zahlen und Namen gedeutet; das große Buch der Numerologie*, München 1991

Stebbing, Lionel: *The Secrets of Numbers*, New Knowledge Books, Sussex, 1963

Stein, Robin: *Your Childs Numerology*, Futura Publications, London & Sydney, 1987

Vauvenargues: *Große Gedanken entspringen dem Herzen – Seine Maximen*, Wolfgang Kraus (Hrsg.), Zürich, 1992